変な人が書いた成功法則

斎藤一人

講談社＋α文庫
プラスアルファ

ひとり

いつも笑っていると
馬鹿に見えるん
だろうと思ったらおかしくて
よけい笑ってしまった

ひとり

ひ

まえがき

私のことを変な人だと言う人が大勢います。

他人が言うだけでなく、そう言われる本人も変わった人間だと思っているのですから、本当に変なのでしょう。

でも、私が自分のことを変わった人間だと思うのは、世間の人と考え方が少し違っているから。私は何も奇人変人ではありません。

また、世間の人とは考え方が違っているとは言っても、私は私なりの理屈があって、それが正しいと思っています。

なぜなら、これだけ景気が停滞していると言われる中で、私は成功したからです。

世の中には、大学まで出て、才能に満ちあふれ、精一杯努力している人が大勢います。私には商売の才能が多少はあるのでしょうが、大学なんか出ていません。

それでも、私は成功したのです。

それはなぜか。

私が世間様とはちょっと違う、世間から変わったと言われる考え方をしていたからでしょう。

私たち人間は、長い人生でいろいろな人と出会います。そして、いろいろな人から、それぞれの考え方があることを知ります。そんな人生の中で、私のような変わった人間がいることを知っておくのも、たまにはいいのではないでしょうか。

というのも、変わった人間が日頃何を考えているのかを知ることは楽しいことだからです。

この本を手にとってくれたあなたが、そんな思いでこの本を読んでくだされば、私も慣れないペンをとっただけの甲斐《かい》があったということになります。

最初はそれでいいのです。中学校しか出ていない私が、どうして成功できたのか、と興味本位で読んでくださってもいいのです。

でも、あなたはこの本を読んで、「う〜む、なるほど」と共感してくれるでしょう。

なぜなら、私が最初から「私は変な人ですよ」と言っているのに、あなたは変な人が書いた変な本を手にした。ということは、あなたも変な人なのです。

この本の中には、「神様」という言葉がたくさん出てきます。でも、私は宗教家でもなければ、何かの宗教に入っているわけでもありません。これからも入るつもりはありません。

神様という言葉の響きが好きだから使ったのです。

あなたが道を歩いていて、突然ダンプカーが突っ込んできたとき、あなたは多分「ああ、神様〜」と叫ぶでしょう。そのときの神様には、特別な意味はありませんよね。

私が言う神様という言葉もそれと同様、特別な意味はありません。好きだから使っているだけです。

ただ、私は、人間の本質を見失って苦労している世間の人に、その見失ったものを思い出していただきたくて、神様という存在を用いただけのこと。

それでは、私が言う人間の本質とは何でしょうか。

それは、人間は限界を打ち破ることに喜びを感じながら生きていく動物である、ということです。

変な人が書いた成功法則◉目次

変な人が書いた成功法則

成功に方法論はない

私は多くの人からよくこんなことを尋ねられます。

その質問というのは、

「斎藤《さいとう》さんは、どんなことをやって、成功したのですか」

という質問です。

また、

「事業が今のようになるまでに、いろんな苦労があったんでしょう。その苦労話を参考までに聞かせてください」

と言う人もいます。

この本を買ってくれたあなたも、私がどんなことをやって、どんな苦労を経て長者番付に載るようになったのか、どうしたら成功できるのかを知りたくて買ってくださったかもしれません。

もし、そうだとしたら、残念ながら、私はあなたの希望をそのままかなえてあげることはできません。

あなたは、私の本の中に、どこかの企業の社長が書いているような苦労話も、成功の方法論も見つけることはないでしょう。

なぜなら、私の成功は苦労によってできたものでもなく、ある方法論にのっとった行動からできたものでもないから。

あなたは、「成功は才能と努力のたまもの」とか、「苦労してきたからこそ、今の成功がある」とかいう話を信じているでしょう。

でも、私は、成功に導くのは才能でも努力でもないと思っています。

実際、成功するためには苦労する必要などないのです。

世の中をよく見渡してみてください。才能があるけれど成功しない人、一生懸命努力しているけれどその努力が実らない人、苦労ばかりしているけれど全然いいことがないという人がほとんどじゃないですか。

もし、私が何をやってきたかをあなたに教えて、あなたがそれと同じことをしたとしても、あなたは成功できません。あなたは、あなた自身のやり方で成功することになっているのです。

以前、「たまごっち」というゲームが大流行して、某おもちゃメーカーが莫《ばく》大《だい》な利益を得ました。私がこの「たまごっち」とそっくりそのままのゲームを作って売り出したとします。はたして、私は某おもちゃメーカーと同様にお金を儲《もう》けることができるでしょうか。

答えはノーです。私のところにお金がやってくるどころか、警察がやってきて、私は刑務所行きになってしまうでしょう。

松下幸之助《まつしたこうのすけ》さんみたいに成功したくて、彼と同じく電球のソケットを作って売り出しても、私は成功者になるどころか、「何を今さら」と世間から笑われるだけです。

誰かのまねをすれば、いい点数がもらえるのは、学校の試験のカンニングぐらい。人の成功談を読んで、それと同じことをして、成功した人があなたの周りにいるでしょうか。

同じことをしていても、なお苦しんでいるという人のほうが多いはずです。

だからこそ、私が本を書くことになったのです。

あなたは決して苦しむために生まれてきたのではないこと、あなたがあなたのままで楽しく成功への道を歩いていけるということを、知ってもらうために、この本はあるのです。

では、成功に導くものは、才能でも、努力でも、苦労でもないとすると、それでは、いったい何なんだということになります。

その秘訣《ひけつ》は、実はとても簡単なことなのです。

困ったことが起きたとき、声を出して自分自身に問いただしてみるのです。

「私は本当に困っているのか」

と。

そして、

「私は本当は困っていない」

と思えたとき、あなたは成功への道を一歩踏み出したことになるのです。

「困ったことは起こらない」と考えると

みなさんは「禍《わざわい》を転じて福となす」ということわざをご存じですね。言葉の通り、禍を呼ぶと思っていたものが、転じて幸せを呼び込んでくれるということです。「そんなわかりきったことをクドクドと解説しなくて結構だ」と、あなたは思うでしょう。

でも、あなたは、このことわざを知っているクセに、子供の学校の成績がよくないことで、適齢期を過ぎても結婚できないことで、妻が外へ働きに出たいと言っていることで、夫がなかなか出世しないことで、彼女・彼氏にフラれたことで、あんなこと、こんなことで「困った」と思っていませんか。

「禍を転じて福となす」という言葉を知っているけれど、実はその言葉の意味を十分に理解していないのです。

でも本当は、私たちには「困ったこと」などは起きないのです。

具体的な話をしましょう。私の知り合い、小俣《おまた》さんちのカンちゃんの話です。

カンちゃんは、とても働き者です。このカンちゃんには、今はやりのキムタク系の弟くんがいます。この弟くんは、サーフィンに夢中になっていて、あまりまじめに働こうとしません。

働き者のカンちゃんは、そんな弟くんに「アイツは困った奴だ」と思うことがしばしばありました。でも、なぜかカンちゃんが「アイツは困った奴だ」と思うときに限って、兄弟喧嘩《げんか》が始まってしまうのです。

そんなカンちゃんを見て、ある日、私は彼に聞いてみました。

「なあ、カンちゃん、あんたは弟が働かないからって、本当に困るのかい」

すると、カンちゃんは、

「弟がサーフィンばかりやっていたからって、弟は困らないし、俺も何も困らない。俺は一生懸命働いて事業家になるんだから、アイツ一人ぐらいは食わせてやれる」

と考えたのです。

そして、そう思ったと同時に、弟くんがまじめに働き出したのです。

ここで、一つポイントとなるのが、カンちゃんは、

「働かなくて困るのはアイツのほうだ」

と思って「べつに自分は困らない」と考えたのではなく、

「アイツ一人ぐらいは自分が食わせてやれる」

という広い気持ちで、「困ったことは起こらない」と考えたことです。

私が言いたいのは、そういうふうに考えると気持ちが楽になりますよ、ということではありません。

「困ったことは起こらない」と考えたときに、現実が変わるということを知っていただきたいのです。

実際、カンちゃんの弟くんは、カンちゃんが「困ったことは起こらない」と考えるようになってから、まじめに働くようになったのです。

もう一つは、私自身の話です。私がここ何年か長者番付で事業家の中でトップになるようになって、週刊誌が「斎藤氏は親の面倒をいっさい見ない」といった類の、いろいろな噂《うわさ》を書くようになりました。

でも、私はこれでも親の面倒は見ているつもりです。それなのに、週刊誌にそんな記事が出るものですから、私の家の近所の人から、

「斎藤さん、親の面倒は見てあげたほうがいいよ」

と言われてしまうのです。

この言葉に、私は、一瞬ムッとしてしまいました。

「ふざけるな！」と思ってしまったのです。

でも、よく考えてみると、私が「親の面倒を見ない」と近所の人から思われることで、私はいったい何に困るというのでしょうか。

そんなことを思われても、私は三度三度のご飯を食べることができますし、仕事のほうもとても順調にいっています。

私の親だって、ちゃんとご飯は食べていますし、旅行に行ったりして楽しく

暮らしています。

私に困ったことは起きていないし、誰も困っていないのです。

そう思い直したら、いつのまにかくだらない噂も消えてなくなってしまいました。

私は思うのです。もし、あのとき、あの噂に対して「困った」とか、「そんなことは言われたくない」と思っていたら、私は死ぬまであらぬ噂を立てられ続けたでしょうし、私は永遠に困り続けたことだろうと。

あなたは、「困ったことは起こらない」という考え方について、私が成功したからそういう考え方ができるんだと思うでしょう。でも、そうではないのです。

目の前の困ったことというのは、前段階の魂の波動が起こしたものです。これを解決するには、あなたの考え方を変えて、心を豊かにして、魂を向上させないと解決できないのです。

魂を向上させることができなくて、何代にもわたって「困った」と言い続けている人がいます。もういいかげん、あなたの「困った」も今世《こんぜ》限りにしてみてはいかがでしょうか。

私が成功したのは、このような考え方をしていたからです。だから、成功するには、方法論より考え方のほうが大事です。

そして、その考え方の基礎として、あなたに最初に知らせたいものが、「困ったことは起こらない」なのです。

成功の方法論に重きを置くのは、自分で苦しみを選んでいることと同じです。

たとえば、東京から大阪まで歩いて行こうと思えば歩いて行けます。決して不可能なことではありません。昔の人は、みんなそうしていました。

でも、逆立ちして一〇〇メートル先のバス停まで行くとなると、それはちょっと難しい。だいたい、逆立ちすること自体が難しいですよ。

成功の方法論を聞きたがる、まねしたがるという人は、このように逆立ちしているようなものなんです。

成功する方法というのは、成功したその人だけに通用するものです。それなのに、必死になってまねてみる。

成功するためには、ただ、ただ、直立して歩いてみればいいのです。

ただ、「困ったことは起こらない」、そう考えるだけでいいのです。

逆立ちをしていたのでは、苦しいだけなのです。

魂のステージが上がるとき

では、どうしたら逆立ちをやめることができるか。

成功した人の方法論に従うのではなく、「宇宙の摂理《せつり》」を知ることです。

神様の意思に耳を傾けることです。

今、あなたのいる部屋に時計はありますか。もし、あったとしたら、しばらく息をひそめて時計の音に耳を傾けてみてください。コチ、コチ、コチ、コチ……時計はまじめに、時を刻んでいます。

でも、時計より精密にできているもの、それが宇宙です。私には、こんなに精密なものが自然にできたとは考えられません。

この世の中には、絶対なる存在がいて、その絶対なる存在が絶対なる法則を作り、その絶対なる法則に従って星が生まれ、生命体が生まれたとしか思えません。

その絶対なる存在を、宇宙エネルギーと呼ぼうが、何と呼ぼうが、まったくあなたの自由です。個人の志向の問題ですから。

だから私は、私の志向で、その絶対なる存在を神様と呼んでいます。神様が作った宇宙の摂理に従って行動すれば、人間は誰でも幸せになり、成功者になれるのです。

なぜなら、神様は自らが作ったものを、自らの手で困らせることは絶対にないからです。

人はよく「災難は神様が起こす」と考えます。戦争が起きると、「神様が戦争を起こした」と言い、洪水や干ばつなどは天災とされ、これも神様のせいにされてしまいます。

でも、戦争を起こすのは人間です。洪水や干ばつも、無責任な開発が原因。人間が作り出したのです。

畑を耕せばもっと豊かになるのに、勝手に戦車やミサイルを作っているのは人間です。

水の便が悪いせいで飢えている人々がいるというのに、原爆を作っているのも人間です。

原爆一個を作るお金があれば、井戸を一万個以上掘ることができます。飢えている人々を助けることができるのです。

現在、世界の軍事費は年間七〇兆円。一分間に使う金額に換算すると、一億三三一八万一一二六円にもなるという話を聞いたことがあります。

その一方で、世界では一分間に五人から一〇人が飢え死にしているのです。一分間に一万円、せめて五〇〇〇円だけでも、その人たちに分けてあげることができたら、飢え死にする人はいなくなるのです。

神様は、水も、酸素も、食物も、そして人間が生活する場所も、すべて無償で与えてくれています。これらを商品として売り買いしているのは人間なんです。

あなたは「神様はお金がかかる」と考えるかもしれませんが、集金をするのは宗教団体。人間です。

私が言う神様とは、私の心に、あなたの心にいる宇宙の絶対者のことであって、都合上神様と呼んでいるだけのことです。

私は宗教を悪いものだとは思いません。宗教は、個人個人の志向だからです。そして、私は、私の志向で、人間に与え尽くして集金をしない、私の心の中にいる神様の声に従っているだけのことです。

神様は、私たちに生活する糧《かて》となるさまざまなものをタダで与えてくれています。それなのに、都合の悪いことを神様に押しつけてしまうのは、人間の考え違いなんです。

神様は私たちを苦しめようとはしません。神様は私たちに、与えて、与えて、与え尽くしているのです。だから、困ったことも起こらないのです。

人間は何度も死んで、また何度も何度も生まれ変わります。

どうして人間は何度も生まれ変わるのかということを考えたとき、その目的はたった一つで、人間の魂のステージを向上させるためなのです。

では、神様は、いったいどういう形で私たちの魂のステージを向上させるのか。

それは、つね日頃あなたに困ったことが起きます。そのとき、あなたが、

「本当にこのことで私は困るのだろうか」

と考えるのです。

そして、本当は困っていない。困った出来事が、本当は困ったことではないと気がついたとき、あなたの魂のステージが上がるのです。

困ったこと、それは、あなたの魂のステージを向上させる、神様からのプレゼントなのです。

苦労するために生まれてきたのではない

人が何かの問題にぶちあたったとき、

「どうして私だけがこんなに苦しまなければならないのか」

と考えるでしょう。

私たちの魂のステージは、人によって違います。ですから、私に起こる問題はあなたのものとは異なります。

私に起こる問題はあなたには起こりませんし、あなたに起こる問題は私には起こりません。あなたに起こった問題は、あなたの魂が成長するために起こったもの、あなたのためのプレゼントなのです。

ちなみに、税務署は年に何回も私のところへやってきます。これは私自身が解決すべき問題です。これをサラリーマンの人のところに相談に行ったって、なんの解決にもなりません。

ですから、

「どうして私だけがこんなに苦しまなければならないのか」

という考えは今から捨ててください。

そして、本当にこの問題であなたが困るのかを考えるのです。

「私は、本当は困ってなんかいない」

そう思えたら、もうこっちのもの。

外で起きた現象は、心の中で解決すると、パッと消えてしまうのです。

でも、一つの問題が解決すると、また次に別の〝困ったこと〟が出てきます。

それでも、神様はあなたに苦労を与えようとはしていません。人間は苦労をするために生まれてきたのではないのです。

このことだけを頭に入れておいて行動してください。

それでも苦労ばかりしているとしたら、それは、神様があなたに「やり方が間違っているんだよ」と教えてくれているのです。

ただ、神様は言葉ではそれを教えてくれません。この世に起きる現象として、それを教えてくれるのです。

たとえば、学校の算数の問題で、「一＋一＝三」と書けば、先生はその答えにバツをつけます。この時点で間違いに気づいて、「一＋一＝二」と訂正すればいいのです。

でも、先生からバツをもらっても間違いに気づかない場合、先生はそれを気づかせるために、

「君、そこで立ってなさい」

と命じます。

それでも、まだ「一＋一＝三」と書けば、

「君、今度はバケツを持って、廊下に立っていなさい」

ということになります。

あなたの苦労が続いているのは、それと同じことなのです。

あなたは「自分は間違っていない」と言うかもしれません。でも、同じ過ち

を犯しているから、悲劇はどんどん大きくなり、続いていくのです。

あなたが出した「一＋一＝三」という答えの間違いをあなた自身が気がつくまで、神様は根気強く教えてくれるのです。高額な授業料をとる大学の教授だって、そんなことはしてくれません。

神様は、無料でそれを教えてくれているのです。

勉強ができてもできなくても完璧《かんぺき》

悩み、苦しみが続くのは、問題の解決法が間違っているからです。

あなたは今、どんなことで悩んでいるでしょうか。

子供のことですか、夫婦の問題、将来のことですか。

「困った、困った」と言っているけれど、なぜ、その悩みが解決できないのかを考えないのですか。

最近、いじめの問題が大きくとりあげられています。

新聞やテレビは、「殴られた」「お金をとられた」「先生に相談しても全然解決してもらえない」……などといった状況を報じています。

でも、殴られた、お金をとられたというのは、警察が解決すべき問題なのです。子供のいじめが解決できないという人は、そのことに気づいていないのです。解決方法が間違っているのです。

最近、いじめの問題で先生に相談しても全然解決できず、子供たちが自ら死を選んでしまうケースが多くなっています。

でも、このようなケースは、魚を買いたいのに八百屋《やおや》に行っていることと同じことなのです。何も、子供が死ぬまで間違い続けなくてもいいじゃありませんか。

八百屋には魚は売っていません。魚は魚屋へ買いに行くのが当たり前なんです。でも、なぜか人は買いに行く場所を間違えてしまう。問題を解決する方法が違っているのです。

火事になったら一一九番、暴力なら一一〇番。たったこれだけのことを知っているか、いないかで、問題を解決できるか、できないかが違ってきます。

あなたは「こんな初歩的なことを」と思うかもしれませんが、その初歩的なことでも、実際の場面で実践できなくて悩んでいる人が多いのです。

子供の成績が悪いというだけで、なぜか人は「勉強ができないと、社会に出たらやっていけないよ」と思ってしまいます。

でも、どうして成績が悪くて困ることがあるのですか。

「勉強ができないから社会に出たらやっていけない」のではありません。大人たちが、「やっていけない」ようにしているだけなのです。

以前、私はある人から、

「大学だけは行っておいたほうがいい。そうすれば、大学で知り合った人の中の誰かが金持ちになったり、出世するから」

と言われたことがあります。

でも、人とつきあうとき、最初から誰かにたかろうという考えを持っているのは、心が相当貧しい。そんな考えの人が大学に行ったところで、金持ちになる人や、出世する人とは出会えないし、誰からも嫌われて、きっと孤独な大学生活になるに違いないのです。

私だって、あなただって、誰だって、下心を持って近づいてくる人のことは嫌いなはずです。

だから、大学、大学と言う前に、

「おまえは学校向きじゃないけれど、きっと社会に出たらすごくよくなるよ」

という育て方をすべきなのです。

子供は親からそう言われると、手先が器用ならば「じゃあ、大工にでもなろうかな」と考えます。そして、人が住む家を一軒造れるぐらい一人前になれば、ヘタな企業の部長さんより、お金を稼ぐようになるのです。

ミカンは果物です。デザートに向いていますが、主食にはなりません。そんなミカンに「おまえ、主食になれ」と言ったところで、ミカンは主食になることはできません。ミカンは「自分には欠陥があるのか」と悩むだけです。

ミカンはミカン、そのままで完璧なのです。勉強のできる子供も、できない子供も、そのままの姿で完璧なのです。

男の浮気と女の買い物

男と女というものは、おもしろいものです。

夫婦というのは、世の中で一番相性の悪い者同士がくっつくのです。

それはなぜか。

「恋」という字は、変わる心と書きます。普段は絶対にホレ合うことはないのです。でも、会うと心が変わって、頭では理解できないけれど結婚してしまうのです。

それで、しばらくしたらシラフに戻ります。そして、そのとき相手が自分の一番嫌なことばかりすることに気がつくのです。

たとえば、もし、あなたが家の中でゴロゴロされるのが嫌いだとすると、相手は絶対にゴロゴロするのです。

働かない人間が嫌いな人には、働かない人がつく。口うるさい人が嫌いな人には、口うるさい人がつく。とにかく、相手が困るようなことを絶対にするのです。

まれに、相性のいい夫婦がいますが、そういう人たちはどうなるかというと、相手が先に早く死んでしまうのです。これはお互いが困ることです。

夫婦は、世の中で一番相性の悪い者がくっつきます。でも、これは困ったことではないのです。それが、魂の修行なのです。

たとえ、相手がどんなに嫌なことをしても、相手を変えようとしないこと、相手に期待しないことです。相手に期待することは一番苦しいことなのです。

あなたが嫌だと思うことをしている、あなたの妻、夫は、あなたの魂の修行のために現れた人間なのです。

浮気性の夫も、あなたの魂の修行のために、あなたと今こうして一緒に暮らしているのです。

男の浮気と女の買い物は一緒です。男は浮気をやめられないし、女は買い物をやめられません。

たとえば、男が五万円を手にしたとします。自分の好きなように使っていいとなったら、男はそのお金を女遊びに使うでしょう。

でも、女の人が五万円手にいれたとして、男遊びをするでしょうか。そんなことはしません。そのかわり、洋服を買いに行くでしょう。

色情というものは、女は洋服や指輪に、男は女に向けられるのです。つまり、男の浮気は「いいセーターがあったから買った」にすぎないのです。

それなのに、女の人はよっぽどホレているから浮気をしたと思っているのです。相手に期待をしてしまうから、人生が狂ってしまうのです。

奥さんが旦那《だんな》に黙ってセーターを買ってくるとタンスの中に隠すように、旦那もソープランドに行ったことを隠しているだけなのです。

では、これをどうやって乗り越えるか。

それは「困ったことではない」と思うことです。

「なんで、おまえは……」「どうしてうちの旦那は……」と言っている間は苦しみから救われることはありません。

それよりも、

「この人はこのままでいい。このままの人をどうしたら好きになってあげられるか。私はこの人に何をしてあげられるか」

と考えるのです。

そう考えるようになると、相手が変わるか、あるいは縁が切れます。それがわかるまでは修行です。

お互いにお互いを変えようとすると、血みどろの戦いが続きます。

それでも人は変わらないのです。あなたが変えることができるのは、あなた自身なのです。

「困った」という波動が「困ったこと」

困ったことが起きたとき、「本当は困ったことは起こらない」ということに気づいて、神様からのプレゼントである問題をクリアしていく。すると、神様はごほうびに魂のステージを一つ上げてくれる。

答えが間違っている人には、根気強く「それは間違いですよ」と教えてくれる。だから、いつまでたっても苦しみから逃れられない人は、自分の出した答えが間違っている。これが宇宙の摂理です。

しかし、中には頑《がん》として神様からの声に気がつかない人もいます。

この人は、今、自分が苦しめられている問題について、修行をしている最中なのです。

ですから、その人は困りませんし、私も困りません。

心の中の困ったという思いを消してしまえば、困ったことなど起きようがないのです。逆に、困った人には「困った」という知恵しか生まれません。

そして、「困った」という知恵から生まれたものは、苦しみしかもたらしません。

たとえば、子供に対して、

「あの子は困っているから、いくらかお金をあげなくては」

と思ってお金を与えたとします。「困った」という思いであげたお金は、受けとった人に必ず困ったことを起こします。

ですから、人にお金をあげるときは、

「あんたは今のままでも幸せだけど、このお金で温泉にでも行っておいで」

と言ってお金を渡すのです。

「このお金がなければ、この人が困る」という思いで出したお金で、人が豊かになれることはありません。

人間は誰も困らないのです。もし、困ったことに悩んでいる人があなたのところに相談に来たとしたら、あなたは一緒になって困っていてはいけないのです。

そうではなく、

「あなたは本当にそれで困るの？　そんなことないよ。大丈夫、今までも乗り越えてきたんだから。私はあなたのことを信じているからね」

と声をかけてあげるのです。一緒に悩んであげることより、この言葉のほうがどれぐらい人の心を元気づけることか。

子供の将来について「心配だ、心配だ」とボヤいている親がたくさんいます。でも、よく考えてみてください。心配するということは、子供のことが信頼できないということなのです。

親にも信じてもらえない人間が、はたして社会に出てうまくいくでしょうか。

それより、

「私はあなたのことを信じてるよ。大丈夫だよ」

親のこのひと言が、子供を大きく伸ばすのです。

人はそのままで完璧

あなたは自分を完璧な人間だと思えますか。

あなたはそのままで、完璧な人間です。

もし、あなたが「自分は不完璧だ」と思っていたら、そんな考えは今すぐ捨てるのです。

私たち人間を作ったのは神様です。絶対なる存在の神様は、間違いはできません。その神様が人間を作ったのですから、欠陥人間などいるはずがないのです。

人間は、試験問題で誤った答えを出すことはあります。でも、人間は完璧です。あなたは、今のあなたのままで完璧なのです。

「じゃあ、未熟者ということはどういうことか」

と思う人もいるでしょう。

杉の木の子供は、動物に踏まれたり、風に倒されたりしますが、このちいちゃな杉の木は完璧に杉です。ただ、ちいちゃいだけ。それがやがては大きな杉の木になるのです。

松食い虫にやられてしまった松の木であっても、病気にかかった松というだけのことであって、松の木に変わりはありません。

未熟と言われる人も、今はただちいちゃいだけ。魂の成長過程にあるというだけの話です。未熟な人間もそのままで完璧です。

そこを基準に出発しないと、人は不完璧さの中で育ち、不完璧な育ち方をしてしまいます。

たとえば、おこづかいを毎月一万円もらっている子供がいます。この子供は、毎月三〇〇〇円の赤字が出てしまうので、その三〇〇〇円分を補うためにアルバイトを始めます。

でも、アルバイトで毎月一〇万円稼ぐようになったとしても、今度は毎月三万円が赤字になるのです。

なぜかというと、毎月一〇万円入ってくるようになったらなったで、余計に余分なものが欲しくなるのです。今度はステレオ、その次は車……と、いうように。

こんな人間が仕事をして月に一〇〇万円稼ぐようになったとすると、今度は三〇万円の赤字が出てきて、銀行から借金をしなければならなくなるのです。

なぜかというと、最初の一万円で「足りない」と感じたときから、不完璧さを育ててしまったから。本当は最初の一万円で満足していれば、これで完璧だと思っていればよかったのです。

一万円もらったときに三〇〇〇円残すような人がお金を残すのです。このような人は一〇万円もらったら三万円を残し、一〇〇万円もらったら三〇万円を残し、一〇〇〇万円もらったら三〇〇万円残すのです。

最初の一万円で三〇〇〇円足りなくなってしまう人は、つねに三割の不足がついて回るのです。

しかも、その人が大きく成長するのと一緒に、不足金額のほうも成長してしまうのです。

人が「私は、私のままで完璧なんだ」と思うとすると、今度は、「〝完璧な人間〞という人は、どういう行動をするものなんだろう」と考えます。

たとえば、「最高のサラリーマンというのは、どういう行動をするのか」と考えたとき、まずは遅刻をしない、無断欠勤をしない、無駄な時間を過ごさない……、といったことを考えて行動し始めるのです。そうすると、自然と正しい行動ができるようになるのです。

ところが、「自分は不完璧だから」と考えて、完璧にしようとすると、三割の赤字と同様、不完璧さという波動から始まってしまいますから、完璧でないまま終わってしまいます。

それは最初の考え方が間違っているのです。人間は完璧です。何かできないことがある人でも、何かできなくて完璧です。病気の人も、病気のままのその人で完璧なのです。

あなたの魅力を失わせているものは

あなたが、自分のことを不完全な人間と思うのはどうしてなのでしょう。

それは、世間一般で言う「魅力」という常識にとらわれているからです。

世間では、高学歴、高収入、英語がペラペラで……という人がカッコイイと考えられています。じゃあ、その範疇《はんちゅう》にない人は本当に魅力がないのでしょうか。

いいえ、違います。人間は、一人ひとり、それぞれの魅力を持って生まれているのです。

いつも髪がボサボサで、ゲタをはいているような人に魅力を感じる人もいます。他人から見て、「どうして」と思うような人でも、魅力を感じる人にとっては、その人は絶対的な魅力を持っています。

魅力とは人を引きつける力です。

あなたは、まず最初に「絶対的な引きつける力」というものが存在していると思っているかもしれません。

しかし、それは大きな間違いです。引きつける力というものは、引きつけられるものとの関係の中で生まれるのです。

魅力は、それに引きつけられる人がいてこそ、力が生まれるのです。

高学歴、高収入、英語堪能という要素があっても、それに引きつけられる人がいなければ、それらは魅力にはなりません。

つまり、魅力というものには、「絶対」はないのです。

それなのに、高学歴、高収入、英語堪能という要素を絶対的な魅力だと思ってしまう。その他の部分に目を向けることをしない。そうすると、人の魅力というものの真実がわからなくなってしまう。

赤い色がついた眼鏡で世界を見れば、世間はすべて赤い色。黄色い眼鏡で見れば、すべてが黄色です。でも本当は、世界は豊かな色に彩られています。

世間の「常識的な魅力」だけが魅力だと思っている人に、その色鮮やかな世界が見えるはずがありません。

あなたの魅力を失わせているもの、それはあなた自身。世間で言うような魅力だけを魅力あるものと考えるから、あなたからあなたの魅力が失われていくのです。

女にモテる方法

女性にモテる方法があったら知りたいものだと、よく世間の男性は言います。

でも、女性にモテる方法というのは本当にあるのです。これが意外に簡単なんです。お金の計算ができればモテモテになれるのです。

「そんなの、お金の計算ぐらい誰だってできるよ」

とあなたは思っているでしょう。それはその通りです。

でも、私が言っているのは、ちょっと違うお金の計算です。でも、勘違いしないでください。お金儲けとはまた話が違いますから。

さあ、ではいよいよ本題の女性にモテるためのお金の計算の仕方です。

たとえが悪いのですが、もしあなたの彼女がソープランドで働いたとしたら、月に一〇〇万円ぐらいは稼ぎますよね。

その彼女がソープランドで働かずに、しかもあなた以外の男とはセックスをしないとしたら、あなたは少なく見積もっても一〇〇万円以上の価値のものを手にしたことになります。

でも、実際にあなたはその彼女に月一〇〇万円ものお金を渡すことはできませんよね。それでも大丈夫なのです。あなたが彼女の値打ちをしっかりわかっていれば、

「結婚しても今は二〇万円しか渡せないけど、頑張って幸せにするからね」

と心からそう言えば、女性はついてきてくれるものです。

その計算がわからないうちに結婚してしまうと、奥さんがあなたに黙って買ったセーターを見つけたときに、

「また、余計なものを買ってきて、タンスの肥やしにするつもりなのか」

などと、ロクでもないことを言ってしまうのです。

そもそも男にとって、女はアクセサリーだということを知っていますか。男はたとえ、油に汚れた仕事着を着ていても、連れて歩いている女性がきれいな身なりをしていれば、

「ああ、この男性は、これだけの女性がホレるだけの見所がある人なんだ」

と世間は見てくれます。

だから、彼女自体が、あなたにとって最高のアクセサリー。男は自分がおしゃれをしたり、金のネックレスをするお金があったら、彼女に指輪やネックレスを買ってあげなさい。

こういう男性なら、たとえ彼女がいなくなっても、次にはもっといい彼女があなたの目の前に現れるものです。女性の目はふし穴ではないのですから。

そして、もう一つ。結婚するときには、彼女の両親に挨拶《あいさつ》に行くものです。そのときには、「愛しているから結婚したいんです」という気持ちのはずです

ね。

でも、ちょっと待ってください。そのご両親は、彼女を大きくするために、いったいどれぐらいのお金を支払ったのでしょう。どれぐらいの愛情をそそいだのでしょう。

それなのに、ただ愛しているからという理由だけで、彼女をお嫁にもらいに行っていいのでしょうか。

あなたは、愛は最高だと思っているでしょう。でも、思い出してください。彼女と会う前は、ほかの女性を愛していたのです。そして、その前は、また別の女性を愛していたのです。

あなたが最高だという愛は、そんなにちょくちょく移り変わるものなのです。それを前面に押し出して、大事な娘をもらいに来られたら、親はたまったものではありません。

試しに駅前の立ち食いそば屋に行って、

「お宅のおそばが大好きで、最高に愛しているから」

といくら力説したところで、お金を払わなければ、たった三〇〇円のもりそばでも出てくるはずがありません。このことを忘れないでください。

そして、晴れて彼女と結婚できて、彼女がセーターを買ってきたら、こう言うのです。

「来年は、セーターが二枚買えるように頑張るからね」

このひと言が言えるような男であれば、あなたは絶対女にモテる男になれます。簡単でしょ。

それでも、あなたは、

「う〜む、その簡単なことが難しいんだよ」

と言っているかもしれません。

でも、正しい答えがわかっているのに、「それができない」と言うということは、あなたに、それを実行できない原因があるのです。あなたは、正しいことを言いたくないし、やりたくないと思っているのです。

あなたが、もし、女性にモテないとしたら、女性はあなたのそんな性格を見抜いているからなのでしょう。

でも、あなたは気にすることはありません。あなたは今のあなたのままで完璧ですから。

今世ではできなくても来世がある。来世がダメでも、そのまた来世があるのです。いくらなんでも、一〇〇代先には、正しいことができるようになっているはずです。

男にモテる方法

世の中の女性の多くは男性について勘違いをしていることが一つあります。

男性は、理想の女性像を尋ねられると、たいてい優しい人、女らしい人と答えます。そうすると女性のほうはその言葉を真《ま》に受けて、優しくすれば男性から好かれ女性らしくすればモテるんだと勘違いしてしまうのです。

ところが実際に男性が、優しくて女らしいと思っている女性は、誰だと思いますか。

それは自分のお母さんです。

自分が間違ったことをしたときはそれが間違いだと教えてくれたり、言うことを聞かないと叱《しか》ってくれたり、おこづかいを使いすぎると叱ってくれたり、そういう人を優しくて、女らしい女性と言っているのです。

結婚すると男性は自分の奥さんをお母さんと呼んだりママと呼んだり、おこづかいをねだったりしますね。

だからあなたが、本当に男性からモテたいと思ったらお母さんになったつもりで彼の悪いところや、いけないところをどんどん注意してあげてください。

そんな女性を、男性は、待っているのです。

ところがたいていの女性は、好きな男性の前に行くと、まったく正反対のことをしてしまいます。だから、好きな人からは好かれないのです。

その一方で嫌いな男性には今言ったようなことを知らないうちにどんどんしてしまい、嫌いな人からはますます好かれるという結果を生んでしまいます。

これは、やっていることがまったくあべこべ。

一見モテそうな女性でもなかなか結婚できなかったり、つきあっても長続きせずなんとなくフラれてしまう人もいますね。

そういう人は、デートのときどこへ行きたいのと聞かれると、「どこでもよい」、何を食べたいのと聞かれると「何でもよい」と答えることが多いものです。

当人はおとなしくって、かわいい女性をきどっているつもりでしょうが、男性にとってこんな始末の悪い女性はありません。

初めの一回ぐらいならそれでもいいでしょうが、二回目も三回目もでは、本当に男性は困っているのです。

なぜなら男性はいつもいつも遊んでいるわけではありません。そんなにたくさんのデートコースやお店を知っているわけではないのです。

男性が求めているものは自分を導いてくれるお母さんなのです。せめて、自分の食べたいもの、自分が行きたいところぐらいはっきりさせてください。

モテない女性が目指している女性らしい女性とは男性からみたら、ただのお荷物です。

あなたはモテる女性ですか。モテない女性ですか。いつまで間違った演技を続けるのですか、今世《こんぜ》で終わりにしますか。来世も続けますか。

選択は完璧なあなたにお任せします。

旅先で見た犬のクソは忘れなさい

病気で伏せって、心まで伏せってしまっている人は気の毒です。でも、病気の人は被害者ではありません。

もっと気の毒な人がいるのです。しかも、気の毒なことに、その人は、自分が被害者だということを知りません。

その人とは、健康な人のことです。

健康な人は、毎日ウォーキングをしたり、食事に気をつかったりして、健康管理をしています。そして、働いて得た給料の中から毎月保険料を支払って、日本国民の医療費を支えているのです。

その一方で、病気の人はというと、家の中に閉じこもっているだけで、「私は病気だ。かわいそうな人間なんだ」と言っている。言っているだけならまだしも、どんどん医療費を使って、国の借金をどんどん増やしてしまっている。

その穴埋めをするのは誰ですか。

健康で、働いている人です。

じゃあ、かわいそうなのは誰ですか。

自分では使いもしない医療費を稼ぐために、一生懸命働いている健康な人です。

私は、この世の中に健康な人が一人でも増えるためには、保険料を安くすべきだと思います。

「そんなウマイ話があるわけがない」

とあなたはそう思うかもしれません。でも、ちょっと私の話を聞いてくださ い。

今、医療費は年間で約二五兆円もかかっています。平均すると、年間一人頭二〇万円かかっているのです。

だったら、健康で、一年間一度も保険を使ったことがないという人に半額でもいいから返してあげるのです。

健康ならば一〇万円のお金がもらえる、ということになれば、みんな必死になって健康管理をして、健康になっていくはずです。

病院に行って薬をもらうより、そのお金で温泉にでも行ったほうがもっと健康になるのです。

でも、一番大切なことは病人は病人で完璧だと考えること。病気の人は不完全な人間ではありません。だから考えるのです。

「病人の私にできることは何だろう」

と。

難病と言われる病気は、なぜ難病と言われるかというと、それは医者にも治せない病気だからです。だったら、病院に行っても治らないじゃないですか。病気で家に閉じこもっているのではなく、被害者ヅラするのではなく、そんなことをするより、胸を張って歩くのです。

私が何を言いたいのかというと、病気ばかりに目を向けていても、人生はよくならないということ。

人生は旅です。

旅の中で、山と出会い、海辺で寄せては返す波とたわむれ、川のせせらぎに心洗われ、その土地の人の優しさに触れたりします。

そんな旅の途中にも、道端に犬のクソを見ることだってあるでしょう。

でも、旅の間中、ほんの一瞬見た犬のクソのことばかりを考えていて、楽しい旅ができるでしょうか。

犬のクソがどんな色をしていて、どんな形で、どれぐらいの大きさだったかということを細かに人に話しても、誰も喜びません。人は、旅で見た美しい風景やおいしい料理、土地の人の話を聞きたいのです。でも、きれいな公園に行ったら、その美しさを見ればいいのです。ゴミ箱はあります。ゴミ箱を見る必要はありません。病気のこと、嫌なことばかりに焦点を当てていたら、その人生は嫌な人生になってしまいます。

嫌なことに焦点を当てるのではなく、楽しいことに焦点を当てるのです。そうすれば、人生が楽しくなる。心が豊かになる。その豊かな心で、誰かを幸せにすることもできるのです。

人間は人に愛を与えるために生きています。自分から生きる楽しさを奪ってしまった人に、そんなことはできるはずがありません。

イライラしている人は、他人にイライラしか与えません。

ビクビクしている人は、他人にビクビクしか与えません。

借金をして困っている人は、他人に「借金をして困った」ということしか与えません。

これをもらった人は気の毒です。イライラして、ビクビクして、「借金をして困った」になってしまうのですから。

病気の人でもできること、その中でも一番簡単なこと。それは、旅先で見た犬のクソは忘れること。そして、胸を張って堂々と歩くことです。

ゴキブリに生まれなかったのはなぜ?

ものの考え方は最初が肝心です。最初に「不完璧だ」という思いを育ててしまうと、その人間は不完璧さを育ててしまうのです。

人は、今、この時点で「完璧だ」「豊かだ」と思うと、豊かさが育っていくのです。

杉や松は何十年たっても、何百年たっても成長します。人間の肉体はある時期が来ると成長が止まってしまいますが、心はずっと成長し続けるのです。

最初に貧しい心を植えつけられてしまうと、貧しい心が大きくなってしまうのです。ひがみ根性を持ってしまった人は、ひがみ根性が育ってしまうのです。

ですから、あなたは不完璧さを育ててはいけません。今のあなたの、あるがままを感謝しなくてはならないのです。

「私は幸せだな。住む家もあるし、食べるものもある。私は今四畳半の生活をしているけれど、エチオピアでは食べるものがなくて困っている人がたくさんいる。それと比べたら私はなんて幸せなんだろう」

と思わなくてはいけません。

あなたはゴキブリは好きですか。

きっと嫌いなはずです。あなたはゴキブリにはなりたくないですよね。

では、あなたはどうしてゴキブリに生まれなかったのか。

それはあなたを産んでくれた親が人間だったからです。あなたはみんなに嫌われるゴキブリではなく、人間として生まれた、ただそれだけでもラッキーではありませんか。

あれもこれも欲しがっているうちは、心が貧しいのです。ものが欲しくなるのは、「あれが欲しい、これが欲しい」と言っている貧しさの波動が出ているからなのです。この貧しさをそのまま育てていくと、大変なことになります。豊かさを育てるもの、その最初の一歩が「困ったことは起こらない」という考え方なのです。

この考え方ができるようになってくると、今度は神様はあなたの心がどれぐらい豊かになったかをテストします。そのテストというのは、こんなテストです。

まず、あなたの周りに何かに成功した人が現れます。あなたの周りの人間が、宝くじに当たったり、親から財産をゆずり受けたり、出世したりするのです。

そのとき、あなたはその人たちに対して、

「よかったね」

このひと言を言ってあげることができますか。

その言葉が言えるのならば、あなたはテストに合格して、さらにその上のレベルに上がれます。ただし、レベルが上になればなるほど、このテストはだんだん難しくなってきます。

レベルが上になればなるほど、成功したことに対して「よかったね」とは言いがたい人間をあなたの目の前に登場させ、そして、成功させるのです。

たとえば、同級生の中で一番出来の悪かった人間が親に家を建ててもらったとします。

あなたはこの人に、嫌味ではなくて、心から、

「よかったね」

と言うことができますか。

「家一軒を建ててもらえるぐらい、いいとこの家に生まれたのも、きっと前世でいいことをしてきたからなんだよ。人徳があるからなんだよ」

って言えますか。

これが言えるか言えないかで、あなたの豊かさが決まるのです。レベルがもっと上になると、問題がもっと難しくなって、本当は自分がもらえるはずの財産を横取りされて、そのお金で家を建てたりして、とてもじゃないけれど「よかったね」とは言えない人間が現れます。

こんな難しいテストをパスするのは、とても困難なのですが、それでも、「よかったね、もともとそっちに行く定めの財産だったんだよ」と正解を答えると、とてつもない高い点数がもらえるのです。

本当はもらえるはずだった財産が、別の人のふところに行ってしまったのは、困ったことではないのです。別の人のところへ行ってしまったのは、もらう必要がなかったからなのです。

不公平のない神様は、「この人にはこの財産がなくても大丈夫」と見込んでくれたからこそ、その財産を別の人に与えたのです。

財産を余分にもらったとしても、もらった人が最後までそれを持っているかというと、必ずしもそうとは限りません。

かえって、財産をもらわなかった人のほうが、一生懸命働いて、もらった人よりもお金を持っていたりします。

豊かさのない者はもっと奪われる

キリストが弟子たちに話した言葉の中で、一番難解と言われているのが、

「持てる者にはさらに与えられる。ない者からはさらに奪われる」

という言葉です。

この言葉を簡単にすれば、

「豊かさを持っている人間にはさらに与えられ、豊かさのない人間にはたった一つしかないものまでも奪われる」

ということです。

豊かさのない人は、どんなに才能があったとしても、生きているうちに決して認められることはありません。

画家のゴッホがいい例でしょう。彼は非常に才能豊かな画家でした。しかし、彼は豊かな心で絵を描きはしませんでした。苦しんで、苦しんで、苦しみながら、描き続けていたのです。

苦しんでいる人間が描いた絵というものは、その絵を描いた本人に、豊かさをもたらしてはくれないのです。

だから、彼は、生きているうちは誰からも認められませんでした。豊かにもなれませんでした。

人間は苦しんではいけないのです。

あなたは苦しんではいけないのです。

あなたが苦しむことによって、あなたのその苦しみの波動によって、新たな苦しみが生まれるのです。さらに奪われていくのです。

この世の中で、まず自分の幸せについて考えてみてください。

「困ったことは起こらない」と考えるのです。

すると、少なくとも、あなたはこの世の中の人間を少なくとも一人は救ったことになるのです。

あなたが人間として生まれたからには、あなたは一生のうち一人だけでも不幸な人を減らす責任があります。その一人というのが、あなたです。

そして、あなたが本当に幸せになったら、あなたは生きているうちに誰か一人ぐらいは幸せにしてあげることができるのです。

あなたが不幸なままで、ほかの誰かを幸せにしてあげることは不可能です。まず、あなたが幸せになることです。

それで、ほかの誰かが幸せになるのです。あなたが幸せにならないと、その誰かが幸せになれません。

人間は、他人を不幸にするための努力をする必要はありません。人を幸せにする努力が先なのです。

幸せなあなたが人を幸せにできたとき、あなたの幸せは倍になります。人の役に立つのが楽しくて、毎日ワクワクしてしょうがなくなります。

万物の霊長《れいちょう》の波動を変える力

原子を細かく見ていくと、最終的には原子核の周りをエネルギーが回っています。

原子の違いは、そのエネルギーが何周回っているかということです。

金と銀の違いは、金は金の核数がエネルギー体を回り、銀は銀の核数がエネルギー体を回っているということ。つまり、出ている波動の違いです。

ガラスはガラスの波動が出ているからガラスです。

豊かな人は豊かな波動が出ていますし、貧しい人は貧しさという波動が出ているのです。

しかし、人間は万物の霊長と言われています。万物の霊長は、この波動を変える力を神様から与えられているのです。

ですから、人間は波動を変えることによって成功者になることも、失敗者になることもできます。

私が今あなたに話しているのは、あなたの波動をいかにして豊かな波動に変えるかということです。

波動を変えるには、まず「困ったことは起こらない」と思ってください。そうしたら、次は会う人、会う人に、

「この人にすべてのよきことがなだれのごとく起きます」

と念ずる癖をつけるのです。

たとえば、一日一〇人の人と会うとして、世界の人口は約五八億五〇〇〇万人ですからあなたが私に会うまでには、単純計算で約一六〇万年かかります。

あなたが今日会った人たちというのは、五億八五〇〇万日分の一の確率で出会った人たちなのです。

あなたの家族、恋人、友人も、五億八五〇〇万日分の一の確率で出会い、何かの縁で今のように深くつきあうようになったのです。

ですから、あなたの家族、恋人、友人、これからあなたが出会うであろう

人々を大切にしてください。そして、その人たちにすべてのよきことがなだれのごとく起きるようにと念ずるのです。

すると、あなたの顔つきが変わってきます。

あなたの言うことが変わってきます。

困ったことが起きて、あなたに相談にのってもらいに来た人に、

「あなたは本当に困っているの？　あなたには困ったことは起こらないよ」と言ってみてください。

すると、人があなたを見る目が変わってきます。

もし、あなたがそう言ったことで、相談に来た人が離れていったとしてもそれは仕方のないことです。

人は人を変えることはできないし、人の波動を変えることもできません。

自分を変えることができるのは自分。自分の波動を変えることができるのも自分。自分を幸せにできるのも自分なのです。

あなたが人を幸せにできるとしたら、まず、あなた自身が幸せになろうと

し、そして、あなたと出会った人がそれをきっかけに自分自身が幸せになろうとしたときです。

もし、あなたが、

「困ったことは起こらない」

と言ったとして、あなたから離れていく人は、自分から幸せになろうとしない人、貧しい波動を持った人です。

あなたが豊かな心を持って、豊かな波動を出して生活すると、貧しい波動を持つ人はあなたから離れていくかもしれません。

でも、豊かな波動を出しているあなたの周りは、やがて、豊かな波動を出しているほかの人をどんどん引き寄せます。

豊かな波動は豊かな波動と共鳴し合って、豊かさを呼び寄せます。

そして、あなたは、もっと、もっと、豊かになるのです。

あなたが主役になるために

幸せになるには、豊かになるには、成功するには、まず考え方から始めるのです。

「困ったことは起こらない」

という考え方から始めるのです。

多くの人は最初から方法論を求めますが、方法論はいくら教えても、そして、その通りにやったとしても、うまくいきません。

たとえば、愛想のいいおそば屋さんと、愛想の悪いおそば屋さんがいたとします。二人のおそば屋さんが、別のはやっているおそば屋さんへ行って、そこの味を盗んできたとして、あなたはどっちのおそば屋さんを選びますか。

愛想の悪いおそば屋さんにあえて行こうとする人はいないでしょう。

だから、

「成功する知恵はどこから出てきたのですか」

と聞かれても、私は、

「この知恵は豊かさから出た」

としか言えないのです。

知恵は考え方から生まれます。

意地の悪い人には意地の悪い考えだけしか出てきません。

知恵は努力して出るものではありません。知恵は、ポンと湧くように出るものです。苦しんで出した知恵は、苦しみを生むだけです。

豊かな心を持つと、豊かな知恵が生まれます。そして、豊かな心で、幸せや豊かさ、成功を想念すると、その想念が寝ている間にそれを実現するために必要なものをずるずると引き寄せてくるのです。

そのとき、あなたは神様から与えられた「あなたの仕事」を一生懸命するのです。

神様は映画監督のようなものです。映画監督が、

「おまえは、百姓の通行人をやれ」と言ったら、あなたはつべこべ言わずにその役をこなすのです。どんな百姓の娘か、うんと貧乏な百姓の娘か、庄屋の娘かを考えるのです。貧乏な百姓の娘だったら、どうしたら最高に貧乏な百姓の娘らしくなれるか、庄屋の娘だったら、どうやったら最高に庄屋の娘らしくなれるかを考えるのです。

そして、一生懸命に歩くのです。

どんな役であっても、一生懸命に通行人を演じていれば、そのうちひと言、ふた言でも台詞《せりふ》がもらえるようになります。たったひと言、ふた言でも、その台詞を一生懸命にやっていれば、いつかはもう少しマシな役も来るのです。

与えられた役を一生懸命やるのです。子供や夫、妻、家族、周りに振り回されていると思うから、腹が立つのです。会社の社長に使われていると思うから、残業もイヤイヤやって、成果が上がらないのです。

「この世は、自分以外は幻なんだ。神様が全部指示を出している」、そう思うのです。

その指示に従って、一生懸命やってさえいれば、神様があなたにもっといい舞台衣装をくれるのです。

何ごとも最初が一番大変です。でも、やっているうちにだんだんとコツがつかめて、どんどん楽になってきます。

もし、どんどん悪くなっていくとしたら、それはやり方が間違っているだけなのです。

神様は誰もいじめようとはしていません。でも、うまくいかないときは、それは神様が「やり方が間違っている」と教えてくれているだけなのです。

やり方が間違っているのに、そのやり方を変えようとしない人は、自分の過ちを認めたくないのです。

人は失敗すると、よく「私には才能がないんだ」とか、「実力がないんだ」とか言います。

でも、成功は才能でも、実力でもないのです。

問題なのは、実力がない人ほど、頑固で、プライドが高いこと。

幸せになりたい、豊かになりたい、成功したいと思うのなら、その頑固さ、プライドの高さを捨ててごらんなさい。そして、真剣に物事に取り組んでいれば実力はついてくるものです。

もっと素直になって、人の言うことに耳を傾けるようになったら、あなたは絶対よくなっていきます。

人格者が成功するはウソ

素直な心、豊かな心と言うと、あなたは、

「誰からも好かれる人格者にならなければいけないのか」

と考えるかもしれません。

でも、あなたは誰からも好かれる人格者になろうとか、みんなの模範になろうとかという努力をする必要はありません。

私がこの本を書くにあたって、誤解されたくないのがこの点なのです。

ここで、はっきり言っておきましょう。私は決して人格者ではありません。世間の人は、本を一冊書く人間のことを先生とかはやしたてて人格者扱いするけれど、私のことに関しては、そんな扱いは絶対にしないでほしいのです。

私は毎日スーツにネクタイを締めてピシッとしているわけではなく、ラフなスタイルで飛びまわっているほうが好きだったりします。たまに馬券だって買うこともあれば、キャバレーで女遊びもするのです。

どこかで、そんな私を見かけた人は、

「本の中であんな偉そうなことを言っていたのに、なんだこのザマは」

なんて思うことでしょう。でも、私は世間の人が思うような人格者ではないのです。

そもそも、人格者とはどんな人のことを言うのか、人格者であることがどんなに尊いことなのか、人格者であることがどれほど人を幸せにすることなのか、それ自体が私にはサッパリわかりません。

ただ、私にわかることは、私は決して人格者であろうとして行動する人間ではないこと。私が私らしく、自由気ままな生活をして、そして、私という人間が女性が好きで、働くことが好きで、人を楽しませることが好きで、喜びながら生きていく人生を志向している。

そんな私に、多くの社員、いろんな人が共鳴して、私の周囲に集まってきてくれるということです。

もう一つ言わせてもらえれば、「英雄色を好む」という言葉は、英雄が色を好むのではなくて、色を好むぐらいのパワーがあるから英雄になれたということです。

みんなの模範になりたい人はなればいいけれど、それで苦しい思いをするのなら、そんな努力は間違っているのです。

そんな辛い努力をしなくても、人間は生きている限り誰かの模範になっているのですよ。

ラフなスタイルが好きで、女性が大好きな私は、そのままの私で、あなたは、そのままのあなたで、誰かの模範になっているのです。

黄色の宝石は、その黄色が鮮やかに輝けばいいのです。赤い宝石は、その赤い色が鮮やかな赤であればいいのです。

でも、人には嗜好《しこう》というものがあります。黄色い宝石が好きな人、赤い宝石が好きな人、まさに「色いろ」です。

黄色い宝石が好きな人には黄色い宝石が必要だし、赤い宝石が好きな人には赤い宝石が必要なんです。

赤い宝石が好きな人は、黄色い宝石が嫌いかもしれない。それは当然のことです。それなのに、黄色の宝石に赤い宝石を混ぜようとする。

宇宙の摂理に反したことをするから無理が生じるのです。辛くなるのです。

もし、それができたとしても、それは黄色でも、赤でもない、まったく別の色になるだけです。

人は他人から嫌われることを嫌がります。人から好かれようと努力します。

でも、自分のことを嫌っている人間に好かれようとすることは、自分を変えるか、そうでなければ、相手を変えようとすることです。人間関係も、そして日常生活までもが、うまくいかなくなってしまうのです。そんなことをするから、お互いがおかしくなってしまうのです。

黄色が嫌いな人に対して、

「黄色を嫌いなままでいいんだよ」

と言っている人は、人から嫌われることがありません。

相手をなんとかしよう、自分をなんとかしようとするよりも、黄色は黄色で輝いていればそれでいいのです。相手に影響力を与えようとするから、人から嫌われてしまうのです。

黄色い宝石は、黄色い宝石です。これに赤い色を混ぜることはできません。

それと同じように、私は、私です。あなたは、あなたです。

私は人を変えられないし、あなたは、「あなた」のままでいいのです。

たとえ、あなたが私のことを嫌っていても私は構わない。あなたは、誰かに嫌われていても、それはそれでいいのです。

もし、あなたが誰かに嫌われていたとして、あなたに嫌がらせをする人がいたとしても、あなたには困ったことは起きません。

あなたが誰かに悪口を言われたら、あなたの食べるものがなくなってしまいますか。たとえ、ご飯も喉を通らなくなるほど悩んだとしても、

「ちょっと太り気味だったし、ちょうどいいか」

と考えると、本当に困りません。

人とうまくやっていくときに大切なのは、あなたが、

「このままのこの人をどうやったら、好きになれるか」

と考えることです。相手を変えることでも、あなた自身を変えることでもないのです。

人生は二〇〇年と考えて生きると

幸せや豊かさ、成功は、苦しみからは生まれないというのが、成功のための

基本です。

では、努力はいらないのか、というと、そうではありません。楽しみながら努力しているだけです。努力をしないのではなく、楽しんでやっているか、苦労してやっているかの違いです。

苦労したからこそ成功があると考える人に対して、私は、

「でも、本当に苦しいと思っていたら、長続きしていないんじゃないですか」

と聞いてみたい。もし、本当に苦しいことだったら、こんなに長続きはしていないと私は思うのです。

私の意見は少数意見かもしれません。でも、少数意見は間違いとは限らないのです。

難しい数学の試験問題で正解する人は、不正解の人より少ないものです。少数意見だからといって、先生は正解にバツをつけることはないでしょう。正解した人が少なくても、正解ならばマルがつきます。

私の考え方は、少数意見です。大多数の考え方とはだいぶ変わっています。

変わっているついでに、私がどのくらい変わっているかをあなたに教えましょう。

私は、本気で二〇〇歳まで生きると信じています。あなたも、こんな私の考えをおかしいと思いますか。

私が小さい頃は「人生五〇年」と言われていました。でも、今では八〇歳、九〇歳、中には一〇〇歳以上の人も結構います。「人生五〇年」が一〇〇年になったのです。

ということは、私が一〇〇歳になるまでに、何の発明があって、何ができるかはわからないのです。目の前で五〇年が一〇〇年になっているのだから、一〇〇年が二〇〇年にならないとは限りません。

今の医学は、一年で昔の一〇〇年分ぐらいは進むのですから。

それを、悲観的にとって「今の人は長生きできない」と考えるか、私のように肯定的に考えて「人生二〇〇年説」をとるかは、あなたの勝手です。

ほとんどの人は「人生八〇年」と考えます。それで、四〇歳を過ぎると、

「これで人生の折り返し地点で、後は減っていくだけ」と考えるでしょう。

「生きていられるのもあと何年か」と考えるでしょう。

それはそれで、その人の人生です。でも、「人生は二〇〇年」と本気で考えている私は、あと一五〇年も残っているのです。だから、毎日そんなに焦らなくてもすむのです。とっても気が楽なのです。それで、よしんば私が八〇歳で死んだとしても、「生きていられるのもあと何年か」と考えながら毎日ガツガツして生きた人より、私のほうが絶対に得じゃないですか。毎日死に向かって生きる人より、あと一五〇年ある、未来がある、と思って生きている人のほうが、毎日が楽しいに決まっています。

「人生五〇年」と言われてきたとき、「私は一〇〇歳まで生きる」と言って笑われた人が、今一〇〇歳以上になっています。

その昔、「鳥のように大空を飛んでみたい」と願っていた人の思いが飛行機を作り、そして今、人間は空を飛ぶことができるようになりました。

私は若いときに「ひと月二〇〇〇万円稼ぐよ」と言って笑われたことがあり

ましたが、今では二〇〇〇万どころか、何億というお金を稼ぐようになりました。

ということは、今の常識は明日には通用しないのです。

時計の針は一秒、一秒、未来に向かって進んでいます。私たちは過去に向かって生きているのではありません。未来に向かって進んでいるのです。

そうしたら、未来型思考でなければなりません。

それで、「今の人は長生きしない」と否定的にとって生きるのも、「長生きする」と肯定的にとって生きるのも、人それぞれです。

でも、暗い夜道は灯りをつけなければ、先へ先へと進むことはできません。

未来を暗くとって、灯りをつけないで夜道を歩こうとするから、足下にドブがあることに気がつかないで落ちてしまったり、ひどいのになるとドブにはまっているのに、それさえも気がつかず右往左往するだけで、壁に頭をぶつけるのが関の山です。

否定的な思考で生きると

あなたが女性だったら、性格がよくてお金持ちの男性と、性格は悪いうえにお金もない男性とどっちを選びますか。

ほとんどの人が、性格がよくてお金持ちの男性を選ぶに違いありません。両方よいものがくっついているほうがいいのです。

人間は誰しも否定的なものは好きではありません。でも、この世の中には、否定的なことを考える人が多すぎます。否定的な考えを持つと否定的な二者の選択しかできないのです。

以前、諫早湾《いさはやわん》の埋め立てを巡って、水害防止のために湾を埋め立てるという賛成派と、諫早湾に住むムツゴロウたちを守れという反対派の間でひと悶着《もんちゃく》がありました。

賛成派は水害防止だけでなく、水田を作るんだと言っています。しかし、今日本の米は余っているのです。水害だけが目的ならば、何かほかにも方法があるのではないでしょうか。

否定的に物事を考えようとするから、水害防止をとるか、ムツゴロウをとるかの否定的な事柄の二者択一になってしまうのです。

肯定的に考えようとすれば、おのずと水害防止も、ムツゴロウを守ることができる知恵も生まれるはずです。

水害防止をとるか、ムツゴロウをとるか、どっちを選ぶか、と考えるから、いい知恵が浮かばないのです。

数年前、『失楽園《しつらくえん》』という小説が爆発的な人気を呼んで、この小説が映画やテレビドラマ化されたものも多くの人に支持されたようです。

でも、この『失楽園』に私は疑問を持ってしまうのです。お互い妻や夫がいて、なおかつ恋愛できる相手がいる。そんな幸せな人がどうして死んでしまうことになるのか。

本当に死んでしまいたいと思う人は、夫も妻もなく、恋人もなく、誰からも相手にされずひとりぼっちで過ごしている人なんじゃないでしょうか。いいことじゃないですか。人が人を好きになる、人が人から愛されるということは。

女性運動推進派の人は、一夫多妻制は女性の人権を無視したものというように騒いでいますが、本当は一夫一婦制で得をするのは男性なんです。

世の中には大体男と女が半分半分。一夫多妻制にしたら当然女が寄りついてくれないという男が現れます。

だから一夫一婦制にして、男一人に女一人というようにして、男には平等に妻が与えられるようにしたのです。一夫一婦制は男性のエゴで生まれた制度だと言っても過言ではないのです。

そんなことで本当にみんな幸せになれるのでしょうか。

いい男に何人の女がいようとも、その男が本当にいい奴ならば、それぞれを愛してくれる男ならば女の人は幸せなんです。

一夫一婦制だから、妻がいる男性には近寄ってはいけない、夫がいる女性には近寄ってはいけないという考え方ができてしまう。

本当は好きな人がいるけれど、この辺で諦めて、手を打っておかないと行き遅れてしまうから、ということで焦ってつまらない人と結婚して、後でお互いが後悔するのです。

恋愛をとるか、制度を守るかと、否定的な考えで選択しようとするから、結婚してなおかつ恋愛できることの幸せを理解できないのです。

死んでしまって究極の恋愛が成立するなんて、私にはちょっと理解しがたい。なぜって、人間は生きているから喜びを確かめることができる。

死んでしまったら、魂が肉体を地上に置き忘れてしまったら、来世で生を受けるまでその喜びはお預けなんです。

寅さんふうに言うならば、

「おいちゃん、それをやっちゃあ、おしまいよ」

ということなんです。

せっかく何かの縁でこの世に生まれ、人と人とが出会う人生。今、神様からもらった生を、目一杯喜ばないで、いつ喜べばいいのでしょう。

物事を否定的にとるか、肯定的にとるか、その辺の違いが、人の人生を左右するのです。

こんなことを考える私のことを、あなたは変人だと思うでしょう。

私が世の中の人に変人だと思われても、私はいっこうに構いません。変人と言われる人は、たいてい人に迷惑をかけるものです。

でも、私は変人と言われても、誰にも迷惑をかけていません。

私の変な話を聞いて、

「ちょっと変わっているけれど、そうだ、私も二〇〇歳まで生きよう、そのほうが気が楽だし、幸せだから」

「夫に好きな人がいたって、私は夫と一緒にいるのが楽しいし、夫も私といるときには私のことを大事にしてくれるから幸せだ」

と思ってそれぞれの人生を喜べる人がいてくれれば、私はそれでいいのです。

人を幸せにできるのならば、私は変人と呼ばれることに何のためらいもありません。

変わった考え方であっても、水道の蛇口からポタポタと水が落ちて、コップがいっぱいになるように、私の考え方はある一人の人を幸せにし、幸せになった人がもう一人の人を幸せにするでしょう。

そうやって、肯定的な考え方が、みんなの心の中の、真っ黒によどんでいる否定的思考を変えていくのです。焦る必要はありません。少しずつ肯定的にしていけば、加速がついて世の中が変わってきます。

肯定の金太郎飴《あめ》になりなさい

あなたの考え方が肯定的になってくると、あなたの口から出てくる言葉が変わってきます。

すると、あなたの運勢も変わってきます。口から出る言葉はあなたの波動そのものです。心の中にあるものがあふれ出てくるのが言葉です。だから、つい口から出た言葉も、あなた自身のものなのです。

「あんな意地悪なこと言ったけど、根はいい人なのよ……」

と人は言いますが、その言葉は根が意地悪な性格をしているから出たのです。

オレンジを搾《しぼ》れば、オレンジの汁が出ます。オレンジを搾ったのに、グレープフルーツや梅の汁は出てきません。

根がいい人からは、意地悪な言葉は出てきません。意地の悪い人からは意地の悪い言葉が、妬《ねた》んでばかりいる人の口からは妬みの言葉が出てくるのです。

言葉は金太郎飴のようなものです。

肯定的な人は、どこを切っても肯定的、どんなときも肯定的な言葉が出てきます。逆に否定的な人はどこを切っても否定的です。

たとえば、

「あなた、今日顔色が青いよ」

と言われたとします。そう言われると、否定的な人は、どこか病気でもあるんじゃないかとビクビクします。でも、肯定的な人は、

「私は、ちょっと顔色が悪いくらいのほうが調子がいいのよ」

なんて答えるでしょう。

神様は、あなたがどんなときに肯定的なことを言うか、どんなときに否定的なことを言うかを、ずっと眺めています。あなたが正しい受け答えができるかどうかを試しています。

こう言うと、中には自分の会社のことを、

「うちの会社は否定的な人間が多くて……」

と考える人がいるかもしれません。でも、周りのことはどうでもいいのです。一番大切なのは、あなたが肯定的かということです。

周りの人に左右される肯定論者であれば、それは大した肯定論者ではありません。「あの社長ではヤル気が出ない」というのは、関係のないことなのです。

その前に大切なことは、あなたがその社長から給料をもらっているという現実を知ることです。

「自分が何をやったかを神様は見ているから、私はその給料以上に働いて神様にいい点数をもらおう」

ぐらいのことを考えてみてはどうでしょうか。

宝石は、砂利の中で一個だけ光っているから宝石なのです。周りが宝石でなければ、自分も宝石にはなれないと考えている人は、宝石の輝きを発することができません。

ダイヤモンドはどこにいてもダイヤモンド。どこにいてもあなたは輝いていなければならないのです。

あなたの行くところが光り輝く

街角の占い師に、

「今日はこの方角はよくないから、こっちの方角へ行きなさい」

と言われたとしても、そんなことは関係ありません。あなたの行くところが光り輝くのです。

太陽はあなたなのです。

人に照らされようとするから、暗いところへは行きたくない、明るいところに行きたいと思うのです。あっちだ、こっちだと、右往左往しなくてはならないのです。

でも、あなたが住む場所を照らすのはあなた。相手に照らしてもらおうとするのではなく、あなた自身で、あなたの場所を照らすことです。相手のことなど、関係ありません。

人間は、無限なまでにいろんなことを学んでいきます。その学びの中には、妬みとか、そねみとかいう時期があって、それがピラミッドみたいな階段になっているんです。

その階段を早く駆け上ることはできますが、一つひとつの階段を免除されることはありません。三段目が妬みを勉強する時期だとしたら、この時期を通りすぎて次の段階に進むことはできないのです。

でも、誰か忠告してくれる人がいて、半年や一年で妬むことをやめてしまうことはあります。それは、階段を早く駆け上っただけのこと。そこの階段に止まっている人と、早く学びを終えてしまう人がいるだけのことです。

もし、ピラミッドの三段目を抜いてしまうことになっても、四段目が三段目になるだけのことです。

一つでも階段が抜けていたら、ピラミッドは成り立ちません。その階段を省くことはできないのです。

でも、それさえ、あなたにとっては、何の困難も与えるものではありません。今のあなたが乗り越えるのは、今現在あなたの目の前にある階段です。あなたが乗り越えられる階段なのです。

その階段を一つひとつ上っていくことで、あなたはあなたの幸せを一つ得たことになるのです。

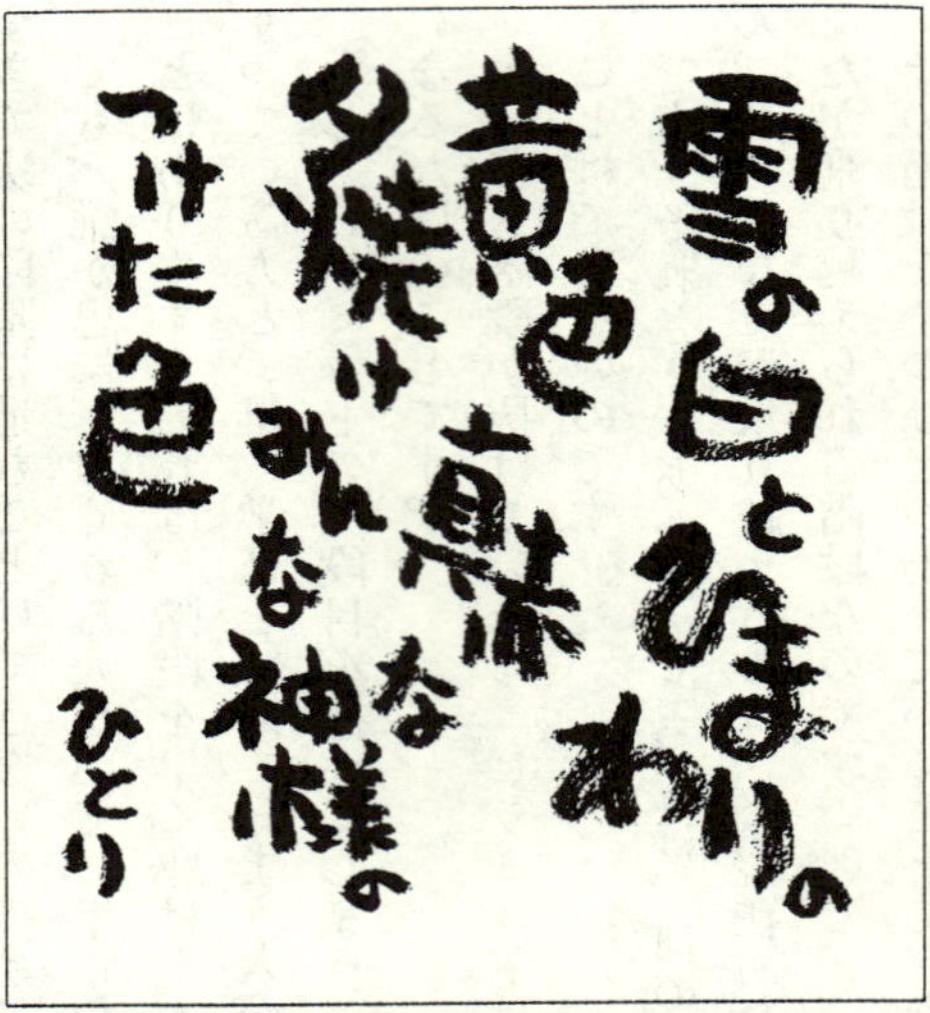

雪の白とひまわりの黄色　真赤な夕焼け
みんな神様のつけた色

自然のものには、
みんな神様がつけた色があります。
人間も一人一人に神様のつけた個性があります。
神様がつけた個性を変えようとしないで、
楽しく伸ばしていくような人生が
幸せな人生だと思いませんか。

「働く」とは「はたが楽になる」こと

私たち人間は、何度も死んで、何度も生まれ変わり、魂を成長させていきます。それと同様にその国の、地球全体の成長というものもあります。

今、日本は経済を勉強しています。

もともと日本人は農耕民族です。朝から晩まで働くことが貴いと教えられてきました。お金の流れを見極めて、いい知恵を出してお金を儲けよう、とは教えられてきませんでした。

頭を使って、お金を儲けることは楽なこと、楽してお金を儲けることはいけないことのように教えられてきたのです。だから、経済オンチになってしまった。

本当は、頭を使うより体を動かしているほうが楽なのに……。

働くということは、「はたが楽になる」ことです。一人の知恵で、一〇〇人が、一万人が楽をできることなのです。

アメリカ人が使っている最大の知恵、それはアメリカンドリームです。アメリカでは、私のように事業に成功した人は、スター、英雄です。みんなが素直に拍手喝采《かっさい》します。

日本の場合は、それとはまったく逆で、みんなでたたき潰《つぶ》そうとする。あら探しをして、隙《すき》あらば引きずり下ろそうとします。

こんな国では、本当のベンチャー企業は出てきません。いいえ、出てこないのではなく、出なくしているのです。

その点だけ見ても、アメリカのほうが経済をよく知っています。日本はすでに開発されたものを改良することに優れています。

でも、このままでは結局は世界の下請け工場のままです。

この状態で「気づき」をしなかったのなら、経済の中心には絶対になれません。

でも、このまま経済オンチのままということはありません。今、日本は経済の勉強をしています。

ただ、まだ骨身に染みていないので、まだ不況は続いているだけです。みんなが経済の勉強を終えたとき、そのとき日本は立ち直ります。みんなが経済を学ぶためには、少なくとも三年はかかります。その三年とは何かというと、ビッグバンの完成です。

政府は行政改革をやると言っています。ところが、それは掛け声だけで、実際には何もやろうとしません。でも、その中で、今、黙々とやっているのが銀行のビッグバンです。

銀行のビッグバンが完成すると、今自分がお金を預けている銀行が倒産してしまうということが起きてきます。

ということは、預金者は倒産しない銀行を探して、そこにお金を預けなくてはなりません。

すると、預金者はお金を銀行に預ける前に、

「この銀行は集めたお金をどうやって運用しているのか」

とか、

「この銀行は総会屋を飼っていないか」

とか、銀行の素性《すじょう》を調べるようになります。

一時、経済が少し上向いたというのは、一般の人が経済を少しわかってきたからです。円高、ドル安という話題が、日常会話で交わされるようになったのです。

「今は円高だから海外に行くほうが得なのよ」

この話題も、経済についての会話なのです。

これの延長で、

「あそこの銀行はダメよ。金利は高いけれど、危ないから」

という話は、そのうち自然と聞こえてくるようになるでしょう。そうすれば、銀行もしっかりとしてくるのです。

経済を勉強するには、経済の元締めである銀行法を改正すればいいのです。そうすれば、みんなが利口になるのです。

でも、このままやるといくつかの銀行が潰れてしまうと政府と官僚は考えています。そこで、しばらくの間国民に我慢してもらうことになったのです。

国民が我慢するというのは、どういうことか。

それは、国民からお金を集めて、これを金利の高い外国に持っていくのです。そして、国内では金利を下げるのです。

そこから得た利益で、しばらくの間銀行に黒字を出させて、手持ちの不良債権を償却させるのです。そうやって、銀行に体力をつけさせようとしているのです。

金利が安い、国民にお金を貸せない銀行は、世界的に評価が低いものです。でも、実は世界の銀行の格付ランキングが間違っているのです。今は銀行がよくなるためにワザと足かせをつけているのです。

でも、本当はこんなことは経済オンチだからやるのです。経済オンチだから、消費税を上げたりして、ますますお金が回らなくしているのです。

日本人は能力がないのではありません。ただ、学びがほかよりもちょっと悪いだけ。

第二次世界大戦のときもそうでした。第二次世界大戦で負ける前は、日本人はとても好戦的な国民でした。

ですから、あれだけコテンパンにやられても、原爆が二個落とされるまでは、

「ああ、戦争ってこんなに悪いものなんだ」

とは気がつきませんでした。

不況もそれと同じこと。不況が長引く理由にはいろいろありますが、大きい理由はそこにあるのです。原爆を二個落とされるぐらいの衝撃がないと、日本人は学べないのです。

学びのいい企業、学びのいい個人は、どんどん伸びて、ほかの人と差をつけています。でも、全体的な学びはまだまだです。

宇宙の法則を知らない人は、苦しみながらこのことを学んでいます。でも、今の苦しみは、神様の愛なんです。

この不況は神様の愛なんです。

今までは、髪の毛を汚らしく伸ばした人でも、飲食店でアルバイトができました。

でも、食べ物屋というものは、不潔にしていてはいけないのです。髪の毛を伸ばしていたのではお客様に嫌がられるのです。だから、そういう人が食べ物屋に就職できないのは当たり前のこと。

今までは、朝、会社に来たときに、

「おはようございます」

と挨拶できない人でも会社に就職することができました。

でも、今は会社の人に挨拶ができない人を企業が使う気はありません。当然のことです。会社の人にも挨拶ができない人は、きっと外でお客様に会ったとしても挨拶ができないのですから。

その人が挨拶すること、働くことを学ぶまで、その人の学びは続くのです。学びが終われば、その時点から状態はどんどんよくなっていきます。

最初からそのことを知っている人は、勉強する必要はありません。

魂の成長は、確実に一歩、一歩、進んでいくのです。

魂の時代になすべきこととは

人間は魂の成長の過程に応じてさまざまな問題が現れます。

それと同様に、地球にも魂の成長の過程があるのです。

ですから、地球に戦争が必要なときは戦争が起こります。

平和について考えなくてはならないときは、平和なことが起こります。

そして、地球はベルリンの壁の崩壊を境に、新たな成長過程を迎えました。

そう、「魂の時代」がやってきたのです。

魂の時代になって、地球が、社会がどう変わったかというと、無茶苦茶頑張るとか、力でねじふせるとかいうことができなくなりました。

この現象は経済でも同じです。がむしゃらに頑張っても、資本を投入して戦略的に会社を運営しても、業績が上がりません。

今までは真っ暗闇《くらやみ》、「フクロウの時代」でした。暗いから、多少は悪いことをしてもお金儲けができた時代です。

でも、今は夜明けのとき、「カラスの時代」がやってきたのです。「カラスが出ると死人が出る」とか言われて、カラスは縁起の悪い鳥と思われています。

でも、それは誤解です。カラスは、死人が出たのを察知して、どこからか飛んでくるのです。それに、カラスは太陽に向かって飛んでいく鳥です。カラスは太陽が好きな鳥なのです。

太陽が地球を照らす時代がやってきたのです。ますます、魂の豊かさに陽が当たる時代になったのです。

魂を豊かにして、初めて努力が身になるのです。今までのようながむしゃらな努力は通用しない時代がやってきたのです。

昔はそれでも成功することができました。でも、今の魂の時代には、それは正しい答えではありません。

「今まではそれでよかったのに……」

なんて言っても始まりません。

学校の授業は、定められた時間割りに従って進められていきます。国語の時間に国語の勉強をし、数学の時間には数学の勉強をしなくてはなりません。国語の時間に数学の教科書を出していたら先生に怒られます。先生に怒られたのに、まだ国語の教科書を出さない生徒は、どんどん取り残されていくだけです。

その過程、その過程に応じて正しい行動をとることが正解なのです。

戦国時代に魂のことばかりを話していたら殺されてしまいます。戦争中に、軍国主義者と平和主義者が互いに主義主張を戦わせますが、大砲の前にくればどっちであろうと、みんな平等に大砲の弾に当たって死んでしまうのです。

戦争をしている最中は一生懸命に戦争するのです。

しかし、今は魂の時代です。魂について学び、魂を豊かにすることを考え、実行しなくてはなりません。

私には弟子が一〇人います。私はこの一〇人に会社を経営する方法を教えました。

でも、それは方法論ではありません。

いかにして魂を豊かにするかということです。

そして、彼らが、

「楽しくてしょうがない」

という生き方を始めたら、会社の業績がどんどん伸びて、みんなが経済的にも豊かになりました。そして、私は長者番付の実業家部門で日本一になりました。

今、私は私の会社の社員がどうやったら楽しくなるのかを考えています。

社員全員が、

「楽しくてしょうがない」

と言えるようになったら、うちの会社は日本一になるでしょう。

そして、うちの商品を買ってくれたお客様が、うちの商品で、

「楽しくてしょうがない」

と言ってくれるようになったら、今度は世界一の会社になるでしょう。

成功するためには、

「楽しくて、楽しくて、しょうがない」

というストーリーを考えなくてはなりません。

苦しんでいても楽しいことは思い浮かびません。

成功は、楽しむところから出発するのです。

人を褒《ほ》めて、褒めて、褒めるとき

楽しくて、楽しくて、しょうがないというストーリーは、まず他人の自己重要感を高めることから始まります。

この世で人間が一番求めているもの、それが自己重要感です。

だから、普通の娘さんたちはお嬢様になりたがるし、いい車に乗りたがる。でも、人というものは、どうしてだか知らないけれど、他人の欠点ばかりに目がいってしまう。他人の自己重要感を満たそうとはしない。奪うことばかりを考えるのです。

でも、そんなことにエネルギーを使うのは無駄です。他人の重要感を奪って、自分の重要感が満たされることはありません。

そんなことはやめたほうがいい。人の欠点を一〇〇個見つけたところで、あなたの生活は一向によくなりません。

そんなエネルギーがあるのなら、もっとほかの使い道を見つけたほうがあなたのためになります。そのほうが、自分のためになるし、世間も喜びます。あなたを賞賛します。

他人に自己重要感を与えることができないのは、自分が完璧な人間だという自信がないから。

他人に自己重要感を与えるということは、戦と同じです。

戦をするとき、相手は鉄砲を持っているのに対して、あなたは何一つ武器を持っていないとします。そんなとき、あなたはどうしますか。

相手の鉄砲をとろうとするでしょう。

相手の武器をとること。それは、相手が持っている「よいもの」を見つけて褒めるということです。

たとえば、相手の髪の毛を見て、それがきれいだったら、相手に言うのです。

「あなたの髪の毛はきれいですね」

そう言われると、相手は喜びます。

相手の長所を、あなたは利用したことになるのです。

ですから、私は、うちの会社の人間たちに、

「人を褒めなさい。いいところを見つけなさい」

と言うのです。

ところが、人のいいところを見つけることは、簡単そうで、とても大変なこ

とです。一日に五人しか褒められないかもしれないし、一週間にたった一人かもしれない。

でも、神様は、そのことをやり続けているあなたのことを見ています。神様があなたを豊かにして、ベンツにでも乗れるようにしてくれて、運転手もつけてくれるのです。

そうなった頃には、その運転手にたった一言、

「おまえさんはなかなか見どころあるねぇ」

と言っただけで、喜ばれるようになるのです。

つまり、人のいいところなんていうのは、探すまでもなく、あなたが一声かけただけで、人に喜んでもらえるようになるのです。

ということは、ベンツに乗れるようになったなら、そのベンツは、

「神様が、人を褒める、重要感を与えるための武器なんだ」

と考えて、セッセ、セッセと人に重要感を与えなくてはならないのです。

ところが、この武器をもらっても、

「俺はベンツに乗っているから偉いんだ」

と言って、自分の重要感ばかりを満たそうとする人がいます。

そんな人は心が貧しいから、そのうち、ベンツには乗れなくなるでしょう。

ベンツに乗っている社長に褒められた人は、どんなことであろうと嬉《うれ》しいんです。

ベンツに乗ることができるほど豊かになったということは、

「人のことを褒めて、褒めて、褒めまくりなさい」

ということなのです。

私はここ数年、実業家部門では納税額が日本一です。すると、一緒の席でご飯を食べただけでも、みんなが喜んでくれる。褒めやすくなったのです。人に重要感を与えやすくなったのです。

ということは、神様は、私に、

「もっと働け、もっと、もっと、働いて、人に自己重要感を与えなさい」

と言っていることになるのです。

偉くなる。それは自分の重要感を満たすことではありません。人に重要感を与えるために、今までの何倍も何倍も働けということなのです。

人は、自己重要感に浸れるとき、幸せを感じます。

社長から、部長から、課長から、

「君が頑張ってくれるから本当に助かるよ」

と声をかけられれば、

「自分は重要な人間なんだ。私が頑張ったから会社の業績が伸びたんだ」

と考えるでしょう。そう考えると、嬉しいでしょう。

それが大切なことなんです。

そんなことをしながら、一つ、また一つと階段を上る。一人でも多く、もっと多くの人に自己重要感を与えるのです。

私もそうやって、今のように人に対して重要感を与えることができるようになりました。

昔、私は褒めるところは自分で見つけなくてはいけませんでした。それが今では、どこに行っても、皆が喜んでくれるのです。

段々、人を褒めやすくなったのです。

やりやすくなったということは、「もっとやれ」ということです。

うちの会社の社員は、私に会いたがります。私と一緒にいたがります。

それは、私は社員の自己重要感を傷つけようとはしないから。そして、私といると、自己重要感が上がるからです。

どんなに偉い人であっても、人の自己重要感を傷つけるようなことをしていたら、

「もう一度、顔を見たい」

とは思いません。

世の中は道理で動いているのです。

顔を見るたびに、いつも社員を怒鳴り散らしているより、いつも人の自己重要感を満たしてあげていたほうがいいのです。

そうすると、

「この人のためなら、残業の一つでもしよう」

とか、

「この人を日本一の社長にするために、どんどん働いて会社の業績を上げてやろう」

という気持ちになるのです。

いつも怒られてばかりでは、「この人のために何かしよう」という気持ちになるはずがありません。

仕事が簡単でなぜ悪い！

仕事は簡単、会社の経営も簡単。

そう言うと、みんなに怒られるかもしれません。特に、苦労して会社を経営している人からは、

「何をふざけたことを！」

なんて、言われるかもしれません。

でも、それは本当なのです、現実なのです。

うちの会社には、商品の注文を受ける「オペレーター」と、注文を受けた商品をお客様に郵送するために荷造りをする「荷造り隊」がいます。

普通の会社では、オペレーター業務はこれと、これと、これ。荷造り隊の業務はあれと、あれと、あれ、というふうに決められているでしょう。

でも、うちの会社ではそんなことはしません。

うちの場合は、

「あなたたちはオペレーターです。世界一頼みやすい、感じのいい、一番売り上げを上げられるオペレーターになるには、何が必要かを自分たちで話し合ってみてください」

と言うだけです。

そうすると、彼ら、彼女たちは、

「無理に押しつけない、感じよくする、丁寧《ていねい》に商品を説明する……」

と自分たちで決めるのです。

それが自分たちの「鉄の掟《おきて》」になるのです。

私が言ってやらせるよりも、自分たちで決めたことをやったほうが楽しいのです。だから、ちゃんと仕事をするのです。

たとえば、服を売る場合、私が売り場の人たちに、

「この服を売れ」

と言って売らせるのと、

「あなたたち、売り場の人間が仕入れた服を売りなさい」

と言って売らせるのとでは、売り場の人たちのヤル気が違います。

それは当然です。誰だって、自分が仕入れてきた服が売れ残るのは嫌じゃないですか。それに、お客様のことを知っているのは、売り場の人間なのですから。

今は「魂の時代」だということを忘れてはなりません。

人間というものは、物を買うのは好きだけれど、買わせられるのは大嫌いで

す。自分で行動するのは好きだけれども、上から押しつけられた規則を守らされることも大嫌いなのです。

だったら、そこで働く人たちが自分で規則を決めて、それをやらせてあげればよいのです。信じてあげればいいのです。

社員が自分たちで仕事を決めると、社員は会社を潰すようなことは考えません。みんな自分たちで決めたことですから、潰したくはないのです。

いつも部下の尻をたたいて、叱って、動かそうとしても、人は動きません。

それでは、会社で上に立つ人の仕事はなくなってしまうではないか、そう思われるかもしれません。でも、大事な仕事があるのです。上に立つ人でなければできない仕事があるのです。

それは、褒めて、褒めて、褒めるということです。

うちの会社には、「ギネス」というものがあります。言うなれば、社員が行った仕事についてのギネスブックです。

現在、オリンピックの一〇〇メートル走では一〇秒を切る選手もいます。

それができたのは、オリンピックがあったからです。新記録を更新した人はみんな、世界中の人々から拍手喝さいを受けます。そうでなければ、誰も真剣に走ることもなければ、何もしようとはしないでしょう。

ですから、うちの会社では、商品を最高一〇〇個売った人が一〇一個売ると、自己新記録ということで、みなで拍手します。

また、一個も売ったことがない人であっても、その状況を打ち破って一個売ったとしたら、それもやはり新記録として、みなで拍手喝采するのです。

全国のグループの社長たちから、

「おめでとう」

のファックスが届きます。

しかし、なぜか日本人というのは余計なことを言ってしまいたくなるようです。

ゼロを一個にすることは、とても大変なことなのです。素直に、新記録達成を喜べばいいものを、

「あの人は一〇一個売ったから、あなたもそこを目指してね」

などと言うのです。

言った本人としては励ましているつもりでしょうが、最後の言葉でどれほどヤル気が殺《そ》がれてしまうことか……。

ただ、

「おめでとう！　すごいことだよ」

と、素直に驚いて、喜んであげれば、一一個売った人は次に一二個を目指すのです。

本当は、商品を一〇〇個売る優秀な社員を褒めるより、もっと中間の社員、底辺の社員を褒めたほうが会社の売り上げは伸びます。

それはマジックでも、超能力でもなんでもありません。よく考えてみればわかることです。

優秀な社員一人が一〇〇個の売り上げを一一〇個に伸ばしたとしても、会社の利益はたったの一〇個。でも、社員は優秀な社員一人を除いたその他大勢。

彼ら、彼女らがたった一個でも売り上げを伸ばせば会社の利益は何倍にもなるのです。

成績が下がったときも、決して怒ってはいけません。怒っても人は動きません。

怒られて、自分が暗くなりながら、お客様に明るく、優しく応対しなさい、と言うほうが無理なのです。

人の上に立つ人は、下を見ているのではなく、つねに最高のほうを向いていなくてはならないのです。

そして、最高に達したとき、ただ一言、

「ギネスを越えてよかったね」

でいいのです。

「次はここを目指そう」

とか、

「やればできる」

とかいう余計な言葉は必要ありません。

褒められていい気持ちになっているのですから、そのいい気持ちを大切にしてあげればいいのです。最高記録に達すれば、いい気持ちになれることを知った人は、放っておいても自分で次の目標を設定して走り出します。それを信じればいいのです。

自己重要感を奪う会社の未来

でも、このやり方で、誰もが成功するとは限りません。お金やコテ先の技を使っても、社員は働きません。

私のやり方は、私が豊かな心を持って、社員の人が楽しんでくれるようにと願って考えた知恵です。

私は、会社の仲間とともに語り合ったり、一緒に温泉に行きたいだけなのです。

そういう仲間はお金では買えません。だから、大切にしたい。そのための知恵です。社員を働かせようと思って出た知恵ではありません。ですから、豊かな心を持っている人がやらなければ、この方法では成功しません。働かせようと思っている人がこの方法を用いても、決して成功しないのです。

心の伴わない方法論は通用しません。

学歴など関係なく、やった人を素直に評価する。自分の能力を評価してくれる会社での仕事は楽しいものです。また、人はお祭り騒ぎが好きなものです。人は、評価してくれて、楽しくて、お祭り騒ぎができる会社で働きたいのです。そして、楽しさが募《つの》ったとき、人が集まって、そこで働く人たちがイキイキ働いて、優秀な人材も集まります。

お客様も、そんな会社から物を買いたいのです。

眉間《みけん》に皺《しわ》を寄せながら、誰かを叱りながら、物を売る、会社の業績を上げる時代は終わったのです。

社員は会社を潰したくないから、自然と一生懸命働く。褒められて、嬉しくて、もっと働く。あとは、お客様が、

「この会社を絶対に潰したくない」

そう思ってくれたなら、会社倒産ということはありません。叱って人を働かせようとするよりも、このほうがずっと楽ではないですか。

働く人に自己重要感を与える会社はそれができるのです。これを奪う会社は、今後消えてしまうでしょう。

人は、他人の自己重要感を奪わなくても、幸せになれます。人は働かないのではありません。働かなくさせているのは、人を使っている人なのです。

人はよく、

「社長業なんて孤独だ」

と言いますが、私は世界一幸せな社長だと思います。私は自分よりも幸せな社長に出会ったことがありません。

その理由は、きっと、私から幸せの波動が出ているからです。それが社員に

伝わっているからです。

私は、皆でワイワイ言いながら、会社というゲームをやっていたいのです。そう考えたときに、人が嫌なことを我慢してまで、売り上げを倍にすることはやめにしようと決めました。

嫌なことをしていたら、心が貧しくなるだけです。そんなことでは、悪い結果しか生まれません。楽しいことを考える、それが人の上に立つ者にとっての仕事です。

人は仕事を終えて、自宅に戻ったときに何をするでしょう。

たいていの人はテレビを見るでしょう。だったら、

「テレビを見るより、仕事をしていたほうが楽しいと思ってもらうにはどうしたらいいか」

を一生懸命考えるのです。社長と言われる人は、人の五倍も、一〇倍も給料をもらっているのですから、そのぐらいのことは考えるべきです。

節税は一文の得にもならない

私は実業家としては納税額が日本で一番多い人間です。

でも、だからといって、日々何の問題も起こらないというわけではありません。

たとえば、私は日本で一番高い山にいるとします。私は山の上から下を見ても、何も見えません。ところが、みんなからは山のてっぺんにいる私の姿が見えてしまうのです。

それで、どうなるかというと、世の中にはお金がなくて今にも首を吊《つ》ろうと考えている人もいますし、強盗しようと考える人もいます。

後者の人の中には、ヘタに銀行を襲おうとするより、私を狙《ねら》ったほうが楽だと考える人もいるのでしょう。

だから、私はたくさんの人から護衛をつけたほうがいいと言われます。ところが、その気遣いだけは、丁重にお断りさせていただいています。

というのも、私は自由を束縛されることが大嫌いだから。

でも、みなさんの気遣いも天の声と思えば、断ってばかりもいられない。そこで、考えついたアイデアがなんとも素晴らしい。

それは、日頃お金を持って歩かないこと、そして、私からの連絡が途絶えたらただちに警察へ連絡する、この二つです。

いくらお腹の空いた狼でも、石の地蔵さんをかじるわけにはいきません。ましてや、一銭も持っていない人を襲ったうえに、警察に追いかけられるようなことをする人間はいないでしょう。

この二つを明確に決めたら、心配事がウソのようになくなってしまいました。

でも、そのほかにも、頂上に上った副産物として、今まで思いもしなかった問題がいろいろと出てくるのです。

でも、そんな問題さえもクリアしていかなくてはならない。

そもそも、私に「本を書いてくれ」という話が来るなんて、夢にも思っていませんでした。それが、今現実にこうして本を書いている。

私は、起きたことには何かの摂理があって、それで起きていると思うから、このことすらエネルギーに変えていかなくてはなりません。ですから、上に上るに従って、解決しなくてはならない問題がいくつも出てきます。

すんなり上に上ることはできなくなってしまいます。

ちなみに、今日本で税務署が一番マークしている人間は誰か。

それは私です。

たとえば、毎月三〇万円の給料をもらっている人が、一万円なくしてしまうということはたまにあることでしょう。

でも、金銭感覚というものは恐ろしいもので、三〇億円入ってくると、一億円ぐらいはわからなくなってくるのです。なぜなら、私はそのお金を実際見ていないのですから。

毎日何億という話をされると、一億円が一万円の感覚になってしまうのです。

世間の人はうっかり間違っても、「ごめんなさい」ですみますが、私がうっかり間違ったことをすると、新聞には載るし、脱税で刑務所に行かなくてはならなくなるのです。

だから、私は経理をものすごくわかりやすいようにしています。

どうせ死んだら財産はこの世に置いていかなくてはならないのです。だから、脱税してまでお金を儲けようなんて考えはありません。じゃあ、なんでこんなに働くのか。

ただ単に働くのが好きだから。そして、人を楽しませて、自分も楽しみたいから。

私は税務署の人にいつもこう言います。

「わからないことがあったら言ってくださいね。私は脱税をする気はないし、第一お金も持っていない。でも、あなたたちは私のことを疑っていてもいいですよ。疑われていると思うと、こちらの経理も真剣に仕事をしますから。ヘンに斎藤さんはいい人だから大丈夫なんて信頼されると、うっかりミスしてしまいますから」

税務署は、人を疑うことが仕事。私は、税務署の人に疑われることは、税務署が私を助けてくれていると思っています。ありがたいと思っているのです。

でも、実際、毎月使いきれないほどのお金が入ってくるのです。それなのに脱税をしようなんて思いません。脱税したら刑務所に行かなくてはならないのですから、そんなことはするだけ無駄なのです。

税務署の人は一億円ごまかせば一億円得すると考えている人たちです。

でも、毎月利益だけで五億、六億入ってくる人間が、一億円得するために刑務所に行こうとするでしょうか。

それに、この一億円をどうやったらごまかせるかを考える能力と時間があったら、私は自分の仕事で一〇億円稼いだほうが楽しいのです。

税務署の人は脱税を見つけるのが仕事ですが、私が脱税をしようと思ったら、仕事の時間を割いてやらなくてはいけないのです。仕事が楽しくてしょうがないという人間が、どうして楽しい仕事の時間を減らすことができるでしょうか。

本当は、私だって一生懸命働いて儲けたお金を、ゴッソリ税務署に持っていかれたくない。税金を納めるのは嫌なんです。

そのお金で、もっともっと楽しい仕事をして、社員やお客様に楽しんでもらいたいのです。

でも、法律で税金は納めなくてはならないということになっています。

嫌なことがどうしても避けられないというのなら、いっそのこと、その嫌なことをゲームにして楽しんでしまえばいいのです。そうすれば、あなたの目の前に起こった問題も楽にクリアできるはずです。

私の場合は、

「今年も納税額でトップになろうね」

なんて、会社の人間全員で、国を相手に遊んでしまう。

すごく楽しいゲームです。そんじょそこらのTVゲームでは味わえないおもしろさがある。

しかも、楽しく作ったお金で税金を納めて、ほかの人が幸せになれる、そう思ったら自分の心も豊かになれるじゃないですか！

シャケであることを楽しむと

とにかく、いろんな問題が出てくるのです。

私はこれをクリアしなくてはなりません。

でも、ほとんどの人は途中でそういうことが嫌になってしまいます。

「この辺でいいか。これ以上お金を儲けても一生で使いきれるわけじゃなし、税務署になんやかんやと言われたくないし」

というふうに。

世間の人も、いっぱい納税したからといって、褒めてくれるとは限りません。褒めるどころか、逆に妬まれたりします。

そうなると、

「税金を納めることはいいことなのに、なんで、自分が妬みの対象になるのか」

ということになって、働くことが楽しくなくなってしまいます。

「だったら、こんなことやめた」

ということになるのです。よほど肯定的な考え方ができないと、この問題はクリアできないのです。

でも、そういうことがあろうと、何があろうと、一度成功に向かって走り出したら、途中で止まってはいけません。

本当は、私より能力のある人はいっぱいいます。でも、その人たちは、諸事雑多なことで振り回されるのが嫌で、ゴルフや遊びのほうがよくなってしまっただけのこと。

人間はトップに上っても、ただ周囲の風当たりが強くなるだけです。

エベレストの頂上だってそうではないですか。みんな頂上を目指すけれども、頂上に何があるって、ただのとんがった岩だけです。

ただし、上った人間でなければ味わえない、なんとも言えない爽快感《そうかい》というものがあります。

シャケは川を上る理由はわからないけれど、川を上ったときになんとも言えない爽快感がある。その爽快感はシャケにしかわかりません。

この世には、人間を喜ばせてくれるもの、いろいろな楽しみがあります。でも、人間が永久に喜び続けることができるものは、たった一つしかありません。

それは何か。それは、自分の限界を超えること、そして、そのための投資をすることです。なぜなら、人間は向上することを喜ぶようにインプットされた動物だから。

サルは人間と同じ霊長類です。だったら、バナナを食べることばかりを考えていないで、いいかげんソロバンでもはじいたらどうかと思うのですが、彼らはソロバンを持とうともしない。

当たり前です。彼らは、向上することを喜びとするようにインプットされていませんから。

向上することを喜ぶようにインプットされているのは人間だけなのです。ところが、ほとんどの人はこの喜びを奪われてしまっています。

でも、この喜びを知ったときには、喜びながら人生を生きていくことができるのです。その喜びは誰も止めることはできません。

だから、私は限界を超えるために働く。しかも、私は、一つの限界を超えたら、またその上の限界を超えたくなるようにインプットされてしまった。シャケは、シャケという生を楽しむしかないのです。

土地や株ではなく宝石を

宇宙には宇宙の法則があります。

多くの人は、政治や戦争、経済などは人間が動かしている、そう思っているでしょう。でも、実はそれらはすべて宇宙が動かしているのです。シャケは自分が一生懸命泳いでいると思っています。でも、シャケが一生懸命泳ぐのは、そうなるようにインプットされているからです。

人間も同じです。宇宙の法則にのっとって、動かされているだけなのです。今は地球のエネルギーがアメリカに向いています。だから、ここ何年かはアメリカの一人勝ちになるでしょう。

今まではアジアが繁栄していました。でも、アジアの繁栄はもう終わってしまったのです。そのことを知っていないと、またアジアに投資して、莫大な損をします。

アジア全体の繁栄は終わりましたが、アジア全体が落ちていくというのではありません。アジアの中の一部の国、たとえばマレーシアなどでは、まだ繁栄が続きます。

ずっと昔は、ヨーロッパが繁栄していました。でも、今のヨーロッパは全体としての繁栄はありません。

日本国内でもそうです。国全体としては景気が悪いけれど、中には、少ないけれど景気のいい会社もあります。

要するに、世界に、業界に、国内に、企業内に能力の差が出てきたのです。もう、「おててつないで」行くような時代ではなくなったのです。

日本の地価が上がった原因はたった一つしかありません。

アメリカが夜のとき、日本は朝。ということは、世界の金融の中心点は二極に分かれます。

世界の金融機関というものは、アメリカと、治安のいい日本に一つずつあれば、世界のお金は回るということになります。

すると、世界の企業が東京に集まります。日本の土地は狭いから、東京の土地の値段が上がります。地方の土地が値上がりします。

ところが、日本という国は、経済オンチの国です。

歌のヘタな人は歌手にはなれません。親はお金持ちだし、音楽環境も整っているけれど、当の本人の歌がまずかったら、歌手としては食べていけません。

それと同じことです。経済オンチの国は、経済の中心にはなれません。経済オンチは方向オンチ。日本に集まった世界の金融エネルギーを使う方向を間違えてしまいました。ヘンなことをして景気を冷やしてしまいました。

ヘンなことというのは、土地代に異常なまでの税金をかけたことです。

バブルで損をした人は、一人としていませんでした。キャバレーのおネエちゃんも、タクシーの運転手も、みんなが得をしていたのです。

バブルの恩恵を直接受けなかったお年寄りだって、きちんと年金をもらって、病院にも月に一〇〇〇円程度で行けたのです。

よく、バブルで損をしたと言う人がいますが、それは間違い。バブルがはじけて、土地代が下がって損をしたのです。

誰もバブルで損をしていません。みんなが相応に儲かったのです。

ところが、官僚や政治家が、そのバブルを潰してしまいました。

土地に税金をかけ、株を買うと、それにも税金がかかるようにしたのです。

日本人は労働以外で収入を得てはならない、ということにしたのです。

労働以外で、頭を使ってお金を儲けて何が悪いのでしょう。それは妬み以外の何ものでもありません。妬みは、決して人を豊かにはしてくれません。国を豊かにすることもありません。

共産主義の国がいい例です。共産主義は、資本家を敵だと思っています。しかし、一万人の人間を雇っている優秀な経営者を潰そうとすることは、雇われている一万人と、その家族をも潰すことになるのです。

一日に一個、金の卵を産むニワトリを飼っている人がいるとします。そのたった一個の金の卵のおかげで、その人はとても豊かでした。

ところが、そのことを妬んだ人がいました。彼は、そのニワトリのお腹にはたくさんの金の卵が隠れていると考えて、そのニワトリを殺して、お腹を裂いてみました。

でも、そのニワトリのお腹には、金の卵はありませんでした。そして、金の卵を産むニワトリも死んでしまいました。

金の卵もなくなって、それを産むニワトリも死んでしまった。これが今の共産主義の国が陥っている状態です。

人を妬む。それが国全体の流れになると、国全体が苦しくなるのです。

これだけ日本は豊かになったのに、貧しいといわれる理由は何か。

それは日本人の考え方がみみっちいから。

お金持ちは持っているお金を使えばいいのです。家を建てたり、外車に乗ったりすればいいのです。そうやって使ったお金が回り回って日本を潤すのです。

それを、自分たちが貧しいからといって、お金を使わせないようにしているからお金が回らないのです。

でも、お金持ちの人もいけない。税金を納めたくないからといって、溜《た》め込むことばかりが能ではありません。

人間は、生まれてくるときは裸で生まれてきました。死んでいくときには、肉体すら手放さなくてはならないのです。

だったら、税金を浮かすことに頭を痛めるなんて、そんな無駄なことはしなくてもいいではありませんか。

私は、事業が成功して、儲けたお金で土地を買おうとは思いませんでした。

そんな私に対して、周囲の人はみな一様に、

「どうして？」

と首をかしげていましたが、死んだら財産はあの世へ持って行けないから、それが私の答えです。

それに、私には土地を買うということの意味がわかりません。

土地の上には空がついています。どうして、その空までも売買できるのか……。意味がわからないものにお金を使いたくないのです。

でも、私は、うちの会社の社員たちに、土地や株は買わずに、宝石を買いなさいと言っています。

なぜかというと、宝石を掘っている人たちはみな貧しい人たちだからです。宝石を買うことで、その人たちが豊かになれるのです。

宝石のいいところは、持ち主が死んでいなくなっても、誰かに譲ってあげれば人が喜ぶというところです。

洋服なんて、一〇年前のデザインのものを人にあげたって、誰も喜びません。

ところが、ダイヤモンドは一〇年前のものであっても一カラットは一カラットです。しかも、もらった人が喜んでくれるのですから。

宇宙の法則はシンプル

官僚は、学校の勉強はベラボウにできる人たちです。でも、彼らは経済を知りません。中には優秀な人もいるのですが……。

経済とは、株や土地を売ったり、買ったりすることもひっくるめて経済です。それなのに、まめに働く以外は不労所得でいけないことにしました。

でも、そんなことをしていたら、たとえば、香港から株を買えば税金はかからないということになると、日本にあったお金は香港に流れてしまいます。日本のお金が海外に出ていくということは、日本にあった世界の企業も流れ出ていくということです。

日本の国から世界の企業が出ていくと、東京のオフィスビルに閑古鳥《かんこどり》が鳴きます。やがて土地の値段が下がります。地方の地価が下がります。

勉強はできても、あまり経済に強くない官僚がバブルを潰してしまったのです。

べつに、私はバブルがいいと言っているわけではありません。でも、バブルを潰せば不況が来る。不況が来るとわかっているのに、それを急激に潰したほうがいいのか。それとも、バブルがゆっくりと終息していくほうがいいのか。

答えはすでに出ているはずです。

バブルがはじけてしまってから、「まさか、こんな不況になるなんて……」では行政をあずかる人間としては、いささか情けないですよね。

私には官僚たちの経済オンチのことはわかっていました。だから、私は土地を買おうとする人に、土地を買わないようにと言っていました。

そして、現実にそうなって、私は先見の明があると言われましたが、先見の明もクソもありません。

オンチは歌手にはなれない。

たったそれだけのことなのです。

日本が豊かになったのは、日本の経済が優れていたからではありません。ただ、日本人がセッセ、セッセと働いたからです。

でも、経済というものは、お金の流れです。

ただ、セッセ、セッセと働けばいいというものではありません。お金の流れを司《つかさど》ることができないと、世界の経済の流れは見えません。

どんなに条件を整えたところで、優秀な人材（?）を集めたところで、最高のコンピューターを整えたところで、経済は発展しないのです。そして、実際に日本の経済は低迷してしまった。

当然のことです。日本は経済を知らないのですから。経済を知っている人でなければ、お金儲けはできません。だから、経済を知っているアメリカに、経済の波が戻ったのです。

能力のある国が、能力のある企業が、能力のある個人が、正当な評価を得るときが来たのです。

「あいつは優秀だから、あいつを優遇してやろう」

という考えに基づいて、序列ができるようにしてあげなくてはなりません。

何気なく会社に入ったという人に会社が給料を出す時代ではありません。就業時間中は会社にいるから、という理由で、当然のごとく給料をもらう時代ではないのです。

今まで、日本の企業人、またその企業に勤める人々は、ある種、暖かいところを走っていました。でも、今、汽車はだんだんと寒い地域に向かっているのです。

そんなとき、伊達《だて》男を気取ってアロハシャツなんて着ていたら風邪をひいてしまいます。

そろそろ寒くなってきたら、暖房器具を出すのは当たり前。寒くなってきたことに気がつかないでいると、ドカッと雪が降ったときには大慌てで暖房器具や冬着を探さなくてはなりません。中には間に合わなくて、凍死してしまうこともあるでしょう。

時代の流れに反したことをしていたら、企業も働く人も豊かになることはありません。

ですから、宇宙の法則に従うのです。宇宙の法則に目を向けると、時代の流れを読むことは、なんということはありません。

この宇宙の法則は、すごくシンプルなんですから。

吹き流しになればいい

人間は宇宙の法則に従って動いています。

その法則に逆らった人が、風邪をひいたり、怪我をして苦しみます。

宇宙の法則の中で、あなたに知ってもらいたいものが一つあります。

それは、人間は速さを希望するということです。

昔は、東京から大阪まで何日も歩いて行きました。でも、汽車ができてからは、たった一日で行けるようになりました。それが今では新幹線で三時間程度です。

でも、もっと速く行きたい、一時間で東京から大阪を移動したいのです。

「いいよ、そんなに速く行かなくても」

と言っている人は、流れに逆らっています。

「一時間で行けるぐらい新幹線が速くなったら、今度はうるさくてしょうがない」

という考えは、否定的な選択をしているのです。

東京から大阪まで一時間で移動できて、なおかつ騒音のないものを開発するという選択をすべきなのです。この考え方が、流れに合った考えなのです。

こういうふうにものごとを考えられる人は、時代が進む方向がわかっているから、時代に取り残されることもなければ、時代を読み違えることもありません。

「そんなに速く行かなくてもいい」

と言っている人も、ニューヨークに行くときに昔のように船を使うでしょうか。そんなことはしません。

急用があって、東京から北海道に行かなくてはならないときに、鈍行列車に乗って、車で裏道を通ってなんてことはしないでしょう。

自分がやりもしないことを人に言うのは、矛盾《むじゅん》がないですか。

その矛盾は、それを言っている人のエゴにすぎないのです。

エゴで、矛盾があることを言っている人の日常生活は、つねに矛盾だらけ、間違いだらけです。神様は、それは間違っていると言っているはずです。あなたの耳にはそれが聞こえないだけ。目の前の苦しみが、何であるかを知らないだけです。

人間が宇宙の法則に反対したって、いくら頑張ったって、北風は北から吹いてきます。北風を遮ろうとして、高くて、強固な塀で周囲を固めても、北風にとってはお構いなし。頑張れば頑張るほど自分が辛いだけです。吹き流しになればいいのです。成功の風が吹く流れに、その身を任せていればいいのです。

成功の風に吹かれて行けば、人は誰でも成功者になれるのです。

お客様を待たせるのもサービス

ほとんどの人は、商品を買いに来たお客様を待たせることはいけないことのように思いますが、そうではありません。お客様を待たせることもサービスなのです。

普通、人の家に遊びに行くときのお土産が、煎餅《せんべい》たった二枚だけでは行きづらいですね。そんなものを持って行っても、誰も喜びません。

でも、たった二枚買うのに二年待たないといけないという煎餅を持ってこられたら、たった二枚の煎餅もありがたがって食べてもらえるのです。

私は饅頭《まんじゅう》が嫌いです。

でも、二年待って買った饅頭を持ってこられたら、

「俺にも食わせてくれ」

と食べてみたくなるのです。そして、実際に食べたら、

「ふうむ、これが二年待った饅頭か」

と心が豊かになるのです。

うちの会社の商品は売り切れのことが多いため、お客様に待っていただくことがあります。

でも、これは故意に「待たせて買う」商品を作ったのではありません。お客様が五〇〇〇円支払って、一万円の得をする商品を与えられないかと考えて、考えて、考えた末に、できた商品です。

うちの商品は漢方薬を使っています。漢方薬にもいろいろなランクがありま

すが、お客様が五〇〇〇円支払って、一万円の得のできるような、いい漢方薬を使っています。

いい漢方薬は自然の中で育まれた植物からできますが、それは一年に一度しか収穫できません。ですから、自然と商品には限りが出てきます。

お客様にわからないように、ランクを一つだけ下げて、大量に商品を生産すれば、うちの会社は何十億も儲かるでしょう。でも、それをしない。それでは、お客様に豊かさを与えることができなくなってしまうから。

だから、お客様を待たせて、何十億を捨てても、お客様に豊かさを与えることができない商品を提供することはできないのです。

お客様を待たせることはいけないことではありません。

逆に、

「お客様を待たせることは悪いことだ」

と考えると、悪いことが起こるのです。

私の家の近所に、おいしいチーズケーキのお店がありました。そこでは、いつも人が並んでチーズケーキを買っていました。

ところが、その店は、

「お客様を待たせることは悪いことだ。お客様を待たせないようにしなくては」

と考えて、設備を広げて、たくさんのチーズケーキを作るようにしたのです。そんなことをしたとたん、お客様の足はバッタリ途絶えて、その店はなくなってしまいました。

その店のチーズケーキは、お客様に豊かさを与えられなくなったのです。与えられないものは、奪われる。ただ、それだけのことです。

うちの会社は、最初の頃は、五〇〇〇円で一万円の得をする商品を作っていただけでした。

「みなさん、とってもいい商品ができましたよ」

と言っても、中には、

「漢方なんて信じていないから」

と、ソッポを向いてしまう人もいました。

ところが、お客様が、

「この商品を買うのに何日もかかったんだ」

とうちの商品を広めてくれました。すると、今までソッポを向いていた人までもが、うちの商品を欲しがるようになったのです。

このことは、いい商品を提供しよう、お客様に豊かさを与えようと努力してきた私たちに、神様が「待たなくては買えない商品」という魅力を与えてくれたことなのです。

神様が与えてくれた魅力は、お客様にも還元する。お客様にもその魅力を与えてあげる。

せっかくもらった、その魅力を奪うことはないのです。うちの商品からも、お客様からも……。

（ただし多少待たせていいのは特殊なものを持った小売店だけですよ）

儲からない会社の三つの無駄

会社を潰す三つの無駄があります。

それは、倉庫に積まれた在庫の山、遊んでいる社員、広々とした場所です。

忘れないでください。お客様はヒマなところから商品を買おうとはしません。絶えず、忙しく立ち働いていて、なおかつ並ばなくては商品を買えないようなところで買い物をするのが好きなのです。

ところが、商品を倉庫の中で遊ばせておくと、やがてその商品からヒマな波動がモヤモヤと出てきます。

本当は一〇人もいればできる仕事なのに、少し儲けがあるからと一人多めに雇ってしまうと、余った一人から、またヒマな波動が出てきます。

しかも、都合の悪いことに、商品は何も言わずにヒマな波動を出すだけですが、人間の場合は、ヒマな人が隣で一生懸命に働いている人に話しかけたりするのです。すると、仕事の能率が悪くなります。

一〇人でできる仕事を、一一人でやればもっと効率が上がるということはありません。逆に、一〇人でできる仕事を、九人でやったほうが、能率がアップするのです。

そして、三つ目が場所です。地方のお店に行くと、店が閑散《かんさん》としています。広々しすぎています。地方は東京より土地代が安いからなのかもしれませんが、その無駄な場所からもヒマな波動が出るのです。

たとえば、一〇人程度のカウンター席しかなくて、いつも並ばないと食べられないラーメン屋があるとします。たしかに、このラーメン屋はおいしいのかもしれません。でも、このラーメン屋にお客様が列をなすほどやってくるのは、みんなが並んでいるからです。

それを、お客様が並んでいたんでは申し訳ないなどと言って、お店を広げる。すると、あれだけ並んでいた人々が、みんな座って食べられるようになる。

人の数は同じかもしれないけれど、お客様にしてみれば、並ばなくても食べられるラーメンには魅力を感じない。それどころか、なんだかヒマそうにさえ見えてしまう。

そのうち、お客様が一人減り、二人減り始め、やがてそのラーメン屋はヒマになってしまうのです。

職人は商売がヘタだというのは、自分の仕事場を使いやすくしてしまうからです。忙しくない状態を作ってしまうから、商売をして失敗してしまう。

でも、会社だろうが、ラーメン屋だろうが、煎餅屋だろうが、人に商品を売るところは忙しくてちょうどいいのです。いつも忙しい状態で、商品は、売れたら作り、売れたら作りという状態にしておくことが大事です。

そして、仕事が順調にいっても、仕事場は一気に広げないことです。

一〇人の席しかなくて、外に並ぶ人がいっぱいになったら、一一人が座れる店にする。それでも、人が並んだら、一二人座れる店にする。一二人席でもいっぱいなら一三人……というように。

そんなことをしていたら、改装費がもったいない。一気に大きく改装したほうが得だ。そういうふうに考える人もいるでしょう。

でも、そんな考えだからこそ、商売にならないのです。

たしかに、何度も何度も改装すると、その費用も馬鹿にはなりません。でも、それがもったいないからとスケベ心を出して、一気に改装して広々としてしまったら、余った場所からヒマな波動が出てお客様が来なくなります。

お客様が来なくなって、借金取りに追われるのと、多少の改装費はかかるけれど、人の波がとぎれないのとではどっちが得か。

よく考えてみなくても、そんなのは最初から答えは出ています。だから、いつも忙しいで、ちょうどいいのです。

知恵がないから「三出せ主義」に

日本にはたくさんのお金があります。それなのに、今のように景気が低迷しているのはなぜか。

それは、国民が欲しくなる商品を作ることができないからです。商品には、大きく分けて三種類のものがあります。

一つは、原価を割らなくては売れないもの。いわゆる、「バッタ屋」で売られているようなたたき売りの商品。

もう一つは、原価より、ちょっとだけ儲けることができる商品。

そして、しっかり儲けをのせてもみんなが欲しくなる商品。

この三つのうち、どれを作るべきか。

しっかり儲けてもみんなが欲しくなる商品を作るべきです。

いい革を使って作った安いバッグ、五〇万円もするシャネルのバッグがあるとします。このうち、消費者が実際に持って、心が豊かになるバッグはどちらか。

たとえ、シャネルのバッグよりいい革を使っているバッグが一万円だとしても、五〇万円もするけれど、シャネルのバッグを欲しがるに決まっています。

人間はアクセルとブレーキが逆についているのです。

必要なものにはお金は出さないけれど、必要のないものにはお金を払うのです。

具体的に言うと、必要なものというのは医療と教育です。

医療費は、今まで国が九割払っていました。それが、国の負担分が八割になっただけで文句が出た。自分にとって、必要なものなのに、自分で払おうとは思っていない。

海外で病院にかかってごらんなさい。膨大《ぼうだい》な医療費を患者は支払っているのです。

現在、日本の国民は、三割を支払うだけでいいのですよ。

日本では義務教育の教科書代は無料です。昔は、今ほど教育熱心ではなかったけれど、教科書代は支払っていました。

医療と教育、これほど必要不可欠なものはないのに、日本の国民は教科書にお金を払わず、必要のないシャネルのバッグや、ブランド物のスーツにはいくらでもお金を使いたい。アクセルとブレーキが逆なのです。

必要なものより、心を高めてくれるもののほうを求めるのです。心を高める商品。それはどういう商品か。

それは、「いいもので高いもの」。そうでなければ、「安くても品切れで待たなければ手に入らないもの」。

そのような商品を作るためには、どうすべきか。

常識以上の知恵を出すことです。

でも、誤解しないでください。常識以上の知恵とは、常識を逸脱することではありません。

どんなに便利な商品を企画したとしても、人がそれを使おうとするか、人の気持ちを考えることが大事です。

以前、私はフンドシの新商品を発見しました。

フンドシというと、普通は腰に巻くものですが、その新しいフンドシは、電車に乗って居眠りするときに額に巻くという商品でした。紐《ひも》の部分を額に巻いて、フンドシを垂らすと、垂れた部分には、「睡眠中」という言葉と「○○の駅まで」と行き先が記されています。

このフンドシのいい点というのは、他人に寝顔を見られることはないということと、足を広げて眠ってしまってもパンツを見られることがないということ、そして、行き先が書いてあるから寝過ごすことはないということです。

でも、このフンドシを喜んでつけて、電車に乗ろうとする人はいるでしょうか。

これは画期的な商品、便利な商品ですが、常識を逸脱しています。これではいけない。

商品企画は常識以上の知恵を出さなくてはいけませんが、逸脱してはいけないのです。商品は人に買ってもらうものですから、人の気持ちというものを第一に考えなくてはなりません。

ブタのエサはブタが食べます。だから、人間の気持ちがわからなくても、ブタの気持ちがわかってさえいればそれでいいのかというとそれは違います。

ブタのエサはブタが食べますが、ブタのエサを買うのは人間なのです。

どんな商品であろうと、人間の気持ちがわかっていないものは、売れないのです。

だから、人の気持ちを考えて、常識以上の知恵を出す。

資金繰りがつかなくて、会社が潰れたとか、お店が潰れたというのはよく聞く話です。

でも、「ああ、お金がないから商売に失敗したんだ」と思ってはいけません。事業が失敗した原因は、お金がないからではなく、知恵がないからなのです。

知恵がないからお金がない、お金がないから失敗する。

この順番なんです。だから、知恵を出して商売を繁盛させなければなりません。

人間は知恵の動物です。この地球上には何億種類もの動物が生存しています。しかし、商売をやっている動物は人間のみ。ゴリラもサルも商売していません。

もともと、人間は知恵を出すように生まれついている。だから、お金を出す前に知恵を出すのです。

お金を出さないというのは、ケチではありません。

一億円出して一〇億円稼ぐのと、お金は一〇〇万円しか出さずに知恵を出して一〇億円稼ぐのとでは、後者のほうが利益率が高いに決まっています。

たとえ、それで失敗したとしても、前者は一億円も損するけれど、後者は一〇〇万円の損ですむのです。

なにも一〇億円を稼がなくても構いません。三〇万円を三〇〇万円にできればそれでもいいのです。

それができない人は、一〇〇万円を一億円にはできません。それどころか、一億円出したのに元がとれないなんてことも起こるのです。

足し算のできない人は、掛け算も割り算もできません。掛け算、割り算ができなければ、方程式など解けるはずがないのです。

知恵を出すのです。

中には知恵の出ない人がいます。その人は汗を出すのです。日本人は、よく「大手には勝てない、デカイところには勝てない」と言います。本当にそうなのでしょうか。

よく考えてみると、この考え方にはおかしなところがあるのです。日本で一番大きな会社といえば、三井や三菱です。でも、三菱自動車を例にとってみても、トヨタや日産、ホンダをやっつけたという話を聞いたことがありません。

三井も三井ホームという会社で家を造っていますが、ミサワホームなどのその他の会社をやっつけたという話もありません。

要するに、大手というのは今からやりたくなるような魅力ある業界で一番というわけではないのです。新しい分野になると、必ず新しい企業が出て一番をとってしまうのはなぜでしょう。

その理由は簡単です。

今大企業と言われている会社は、以前は小さな企業でした。その頃、その小さな会社に勤めていた人間は、ものすごいヤル気と、冒険心に満ちあふれていた人たちです。

そんな人間が集まっていた会社だからこそ、会社が大きくなり、現在、大企業と言われるようになったのです。

ところが、大企業になってから、その会社に集まってくる人間は、冒険心というよりも、安定を求めて入ってくる人が多いものです。

だから、大企業は、まあまあ安定した業績は上げるものの、新しい分野に進出すると、冒険心がないだけに、意外と弱いものなのです。

だから、重工業で溶鉱炉や一〇〇万トンの造船所でも造ろうと思わない限り、大手企業を恐れることはありません。

知恵を出し、汗を出し、楽しみながら出てきた問題を解決していけばいいのです。

でも、中には汗も出せない、そんな人もいます。

汗さえも出せない人は、会社から「追い出せ」ということになっています。

「知恵出せ、汗出せ、それもダメなら追い出せ」
これが「三出せ主義」です。

女は男より強い

世間の男性は、「女は男よりも弱い」と思っている人が多いようです。ところが、これが大間違い。強くて、図々しい魂が女性にはあるのです。弱い女性というのは、トボケているか、そうでなければ自分の強さに気がついていないのです。うちの会社は強い女性を多く集めています。だから、うちの会社は強いのです。

よその会社は優秀な男性をたくさん集めています。でも、いくら優秀な男性を集めても、しょせんは女性の敵ではありません。

女性のほうが男性よりも強いという証拠に、女性は嫁ぎ先の家に入っても威張っていますが、男性が婿《むこ》養子になろうものなら、舅《しゅうと》はもちろん、自分の嫁にさえも口答えができないではないですか。

女性がどのくらい図々しいかというと、旦那が働いた給料は全部家に入れるのが当たり前と思っているクセに、自分が働いて得た給料は全部自分のものだと思っています。

また、旦那が事業を始めて一〇億円もの財産を残したとします。その旦那に愛人ができて、「別れてくれ」と言われたとしたら、女性のほうはどうするでしょう。

「私もあなたを陰で支えるために専業主婦として頑張ってきたんだから、一〇億の半分ぐらいもらったって当然なのよ。しかも、あなたは私というものがありながら、私をだまして愛人を作ったんだから、一〇億円全部置いて出ていってよ」

こんなことを平気で思うのです。

ところが、今度は逆に奥さんのほうが事業を興して一〇億円稼ぎ、さらに彼氏を作ったとしたらどうするか。

奥さんが汗水流して働いている一方で、旦那も家で炊事や洗濯をしてくれたはずです。家事をやってくれた旦那に儲けたお金の半分をあげてもバチは当たりません。

でも、一〇億円儲けた奥さんがその半分のお金を旦那に渡そうとするでしょうか。

答えはノーです。

奥さんは、自分のしたことは棚に上げ、いかに旦那が魅力のない人間であるかを並べたて、一銭も旦那にお金を払おうとはしない。

それどころか、慰謝料を請求しない自分はなんて気前のいい人間なんだとホレボレしたりするのです。

男性諸君よ、このように強い女性の前で「強い男」のフリをするのはやめましょう。我々男性は、女性に産んでもらって、お尻をたたかれながら育ったのですから。

女性のみなさん、あなたたちはこんなに強いのに、弱いフリをするのはやめましょう。

お互いに本当の実力を出せば、みんなが幸せになれるのです。

「斎藤さんのところは、女性を多く使って商売を成功させている」と言いますが、実際女性より弱い男性の私が、女性をたくさん使うことなどできません。そんなことは誰にもできません。

ただ、私は強い女性が、強く生きられる場所を与えているだけです。私は、彼女たちが働きやすい職場であるように一生懸命お手伝いをしているだけ。実際のところを見れば、私が女性に使われていることがおわかりになるはずです。

それでも、あなたは男性は女性より強いと思いますか。

もし、そう思ったほうが幸せならば、そう思っていてください。本当に守ってあげなくてはならない女性がいるというのならば、それは本当なのでしょう。

どこにでも、例外とオトボケはいるものです。

お金のない人は使い、お金がある人は稼ぐ

成績が悪い人は、もっと勉強すればいいのに、勉強しない。

お金のない人は、もっと働けばいいのに、お金を使うことばかり考える。

逆に、お金を持っている人は、お金を使うことを考えればいいのに、なぜかお金を儲けることばかり考える。

どうしてなのか。

成績が悪い人、お金がない人は、自分に自信がない、自分のことを欠陥人間だと思っているからです。欠陥人間は行動してもダメだと思っているのです。

頭がよくなりたい、お金持ちになりたいと口にしていながらも、実はそれを真剣に望んでいないのです。

だから、勉強できない、働けない、行動できないのです。

イソギンチャクはイソギンチャクとして生まれます。

マグロはマグロとして生まれます。

シャケはシャケとして生まれます。

マグロは時速六〇キロ以下で泳ぐと死んでしまいます。そんなマグロに向かって、

「おまえ、イソギンチャクのように少しゆっくりしろ」

と話しても、それは無理な話です。

シャケに生まれたら幸せで、イソギンチャクに生まれたら不幸なのか。

いいえ、イソギンチャクはイソギンチャクで幸せなのです。シャケの幸せと、イソギンチャクの幸せと、マグロの幸せが違っているだけなのです。

イソギンチャクに、泳げと言うから、イソギンチャクは不幸になるのです。マグロに、イソギンチャクのように落ち着け、じっとしていろ、そう言うから、マグロが辛くなるのです。

イソギンチャクはじっとしていて幸せ、マグロは泳いでいて幸せなのです。幸せというのは、そういうところにあるのです。

神様が望んでいることは、

「今度はイソギンチャクとして幸せになりなさい、次はマグロとして幸せになりなさい」

ということなのです。

だから、人はいろんな形で幸せになることはできます。

ところが、山に遊びに行って、

「海のほうがいい」

と言うのはいけません。山には山のよさがあり、海には海のよさがある。その場、その場で、そこのよさを見つけられない人は幸せにはなれません。

今自分がいる会社から、ほかの会社を見て、

「あの会社のほうがいい」

と言うのではいけないのです。

ここでよくなる方法を真剣に考えて、それでもよさが発見できない場合は、会社を辞めてしまうのです。

「でも、会社を辞められない」

と言うのならば、それは会社の問題ではなく、自分自身の問題です。自分がぐずなだけのこと。

その会社も、ぐずな人間がいるのにふさわしいぐずな会社なのです。

会社を好きになろうと努力をしていないのなら話は別です。

でも、会社を好きになろうとして、会社に貢献して、それでも会社は変わらない。それなのに、会社を辞めることができない。辞める勇気がない。

会社が嫌いなのに、その会社に居続けることほど辛いことはありません。でも、会社が嫌いな人間にいられることほど、会社が迷惑なこともないのです。

それを知っていながら、悪いことだと知っていながら、それができないというのは相当ぐずなのです。ぐずにふさわしい会社だから、その会社にいるのです。

神様のしていることに間違いはないのです。

世の中というのは、案外道理でできているのです。

もう一歩踏み出して、会社を辞めてみたら、

「前にいた会社もよかった。あの会社での経験があったから、今の私があるんだ」

と感謝ができるはずです。

イソギンチャクはマグロになれる

親の悪口を言っている人は幸せではありません。

幸せに生きることを志向すると、

「こんなにおいしいものが食べられて、本当にありがたいな。なんだかんだ言ったって、親が自分を産んでくれたからだよな」

と思えます。

生まれてくれば、もうこっちのもの。

美しい景色を見ることはできるし、きれいな花が咲く場所に座って、ボンヤ

リ雲を眺めることもできる。

でも、美しい景色を見ても美しいと感じない、きれいな花を見てもきれいと感じない人もいます。

それは、美しい景色を見て、「美しい」と言える感性がないから。きれいな花を見て、「きれい」と言える感性がないから。

親の悪口ばかりを言っている人は、親に対して「ありがたい」と思える感性がないからです。

でも、五体満足に産んでもらっておきながら、ゴタゴタ文句を言うのはおかしいではないですか。

人間の子供として生まれた、みんなから嫌われるゴキブリやヘビではなかった。そのことだけでも感謝したほうがいいのです。

日本で成功したかったら、日本の悪口は言ってはいけません。私は日本という国が大好きです。だから、働いて得たお金は国にちゃんと納めています。

会社で成功したかったら、会社の悪口を言ってはいけません。会社の悪口、社長の悪口を言っている人を、会社は出世させません。

その理由はいたって簡単。あなたが、もし、会社の社長や上司だとしたら、自分の悪口を言う人間を取り立ててあげようとするでしょうか。

世の中はすべて道理で成り立っているのです。

日本がよくない国だと思ったら、いい国にすればいいのです。日本に生まれて、日本の悪口をずっと言いながら、出世したい、成功したい、なんてムシがよすぎます。

地球を汚すなと声高に叫んでも、叫んでいる本人も地球を汚しているのです。

自分だけはと思っていても、神様は上から、じいっと、あなたを見ています。あなたが何をやったかを見ています。

そして、世の中を、人を悪く言っていないかを見ています。

世の中や、人の悪口をいっさい言わないで行動できれば、それだけでも成功者なのです。

私には特に欲しいものが何もありません。普通は欲しいものがないと働かないものですが、それでも私はひたすら働いて、人に重要感を与えています。そういうふうにインプットされてしまったものですから、やめられないのです。だから、私は成功しました。私はいろいろなことをして成功しました。その一部をみなさんにお話ししました。

でも、ただ私と同じ方法論を用いただけでは、あなたは成功しないでしょう。これからは心を豊かにして、人に重要感を与えて、魂を向上させて、ということを真剣にやろうという人は、私と同様、成功するように生まれています。

親がお金持ちで、生まれたときからお金持ちという人生ならば、それでいいでしょう。でも、何もないところから上に上がっていくことも、また楽しみ。

それに、神様が、

「今世はこの親で頑張れ」

と言って、引き合わされた親と子なのですから、その親で頑張ればよいのです。

亭主や女房は替えられるけれど、親は替えることができません。そういう定めなのですから。

変えることができない定めというものには、何かの理由があるのです。それが天命というものです。これぱっかりは、努力でなんとかなるものではありません。

男がオチンチンを切って、

「私は女です」

と言ったところで、それは男がオチンチンを切っただけのこと。女ではありません。

ホモはホモの人生で、永い魂の成長過程の中には、誰でもあることなのです。

ホモやレズは、生まれ変わるのが早かっただけなのです。

たとえば、前世で女だったとします。でも、生まれ変わりが早まって、男として生まれてしまうと、男としての魂が育たずに、魂が女のままになってしまう。だから、男にホレてしまうのです。

誰にでもそういう時期はあるのです。

だから、うちの会社は、ホモだろうが、レズだろうがどちらでも構いません。私たちは何の偏見も持ちません。

大切なのは、本人たちが幸せかどうかです。

ホモはホモで幸せになればいいし、レズはレズで幸せになればいいのです。中には、ホモが好きな男もいるのです。レズが好きな女もいるのです。要は組み合わせの問題です。

男が女を好きになって必ず幸せになれるとも限らないのです。男と女が好きあって、不幸になった人はいくらでもいるのですから。

神様は、その場で、そのままで幸せになれと言っているだけなのです。

では、イソギンチャクは、ずっとイソギンチャクのままなのか。たしかに、そういう人がほとんどかもしれません。

でも、イソギンチャクみたいに、自分を変えようとせず、じっとしたままの人であっても、マグロになりたいと思えばマグロになることができるのです。人間だけが波動を変えることができるのです。ただ、ほとんどの人は変えようとしないのです。

イソギンチャクはマグロになれないのではないのです。

人殺しの人であっても、人を助けることはできます。

また、人に嫌味ばかりを言う人であっても、ずっと言い続けることはないのです。

ある日、このままではいけないと思ったとき、成功した人に対して、

「頑張ったもんね。よかったね」

と言える人間になれるのです。

でも、私がこんなことを言っても、

「いや、私はイソギンチャクで生きるんだ」

そう言っている人は、イソギンチャクとして生きる定めを持っている人なの

です。

その人は、イソギンチャクとして生きて、イソギンチャクとして周りに幸せを与えることを考えればいいのです。

でも、そうではなくて、成功したい、豊かになりたい、お金持ちになりたいと思った人は、イソギンチャクからマグロに変わる定めを持っているのです。

欲は間違っていない

人が成功したい、豊かになりたいと思うのはどんなときでしょう。

女にモテたいと思ったとき。

好きな人にフラれて、見返してやりたい、と思ったとき。

外車を乗り回したいと思ったとき。

豪勢な生活をしたいと思ったとき。

好きな女の子、あるいは家族に豊かな生活をさせてあげたいと思ったとき。

きっかけはいろいろありますが、せいぜいそんなものから出発します。

今、私は「せいぜいそんなもの」と言いましたが、そのせいぜいを実現しようと努力するのと、努力しないのとでは全然違うのです。

あなたは、成功するには、こんな下心から始まっていいのか、そう思うかもしれません。

でも、それは下心ではありません。下心というのは、私が「せいぜいそんなもの」と言ったことを実現するために、他人のフンドシを使おうとする人の心です。

その人の心は、他人のフンドシを借りようとした時点で、すでに下に向かっている。だから下心というのです。

「せいぜいそんなもの」を実現するために、考える、行動する、心を豊かにしようとする人の心は、つねに上昇志向です。そんな人の心は下へ向かおうとはしません。

つまり、きっかけは「せいぜいそんなもの」でも、気持ちが上へ、上へと向かうことによって、小さなきっかけが欲に変わり、欲が現在を変え、人を成功に導いていくのです。

あなたは欲を持つことはいけないこと、そう思うかもしれません。でも、人間に欲を与えてくれたのは、何を隠そう神様なのです。神様がなすことに何か間違いはあるでしょうか。

神様は絶対に間違いは起こしません。だとしたら、人間が欲を持つことは、いけないことではないのです。

世間で欲を持つことはいけないと言われるのは、下心と混同してしまっているから。

神様は、私たちに、考え、行動し、そして心を豊かにしようとするきっかけとして、魂を上昇させる起爆剤として欲を与えてくれたのです。

先述したとおり、俗に「英雄色を好む」と言いますが、それは英雄になって色を好むのではありません。世間の解釈が間違っているのです。

色を好むほど欲のレベルが高い人だから、パワーがある人だから、考え、行動し、心を豊かにすることができたのです。

色を好むほどの人でなければ英雄にはなれないのです。

今、私たちの周りにある文化、技術、ありとあらゆる文明は、人間の欲から生まれました。その欲がなかったら、人間は立って歩くことさえしなかったでしょう。

そんな欲が、どうして間違いなのでしょう。

人間は欲につき動かされて動くのです。その欲がなかったら、人は身動きがとれなくなってしまいます。

魂はレベルアップすることができなくなってしまいます。

それでは人間が神様から生を与えられた意味がなくなってしまいます。

だから、欲を持つのです。イソギンチャクからマグロに変わる欲を持つのです。

人生という競技場で二つの金メダルを

人生において、成功するとはどういうことでしょうか。

人はお金持ちになるために生まれてきたわけではありません。また、逆に精神的な幸せを達成するためだけに生まれてきたわけでもありません。

実際、お金持ちになった人のすべてが、精神的に幸せかというと、そうではありません。また、お金持ちではないけれど、話をするとしみじみいい人、精神的に幸せな人もいます。

一〇〇メートル競走の金メダルと砲丸投げの金メダルは、種目の違いこそはあれ、金メダルには違いありません。成功というものも、これと同じことで、「お金持ちになる」種目、「精神的な幸せを得る」種目に分かれています。

ですから、あなたがお金持ちになれなくても、精神的な幸せを得ることができたのなら、あなたは立派な成功者です。

では、その三種目で同時に金メダルをとることはできるかというと、これができるのです。

魂を向上させながら、経済的に豊かになることもできるし、逆に、魂を向上させたまま貧しいままでいることもできます。心を成長させながら、中間的な豊かさを得ることもできます。

要は、あなたがそれを望むか、望まないかの違いです。

ところが、なぜか人は「清く、正しく、美しく」あることと、経済的な豊かさを目の前にして、ためらいます。両方うまくいけば、こんなにハッピーなことはないと知っていながら、「どっちをとればいいのか」と悩むのです。

最初から「清く、正しく、美しく」だけに焦点をしぼるのも結構です。それはそれでいいことです。

ただ、私に言わせれば、それだけではちょっと物足りない気がします。私は、精神的にも、経済的にも豊かになりたいのです。

たとえば、目の前に食べるものを買うお金がなくて、飢え死に寸前の人がいるとします。もし、その人が一〇〇円玉一枚でも持っていたら、その人は助かるのです。

私はお金を持っているので、その人を助けてあげることができます。でも、精神的な豊かさだけを求めて、お金を必要としていない人は、その人を助けてあげることはできません。

世の女性たちは、仕事より家族を大切にするマイホームパパを褒めたたえます。でも、そのマイホームパパは、本当に家族を守ってあげることができるのでしょうか。

マイホームパパは、残業も、休日出勤もしないで、家族の触れ合いを楽しんでいます。

しかし、今は不況の真っ最中。そんなとき、経営者がリストラの対象として真っ先にリストアップする人間は、何を隠そう、マイホームパパなのです。

会社をクビになって、家族を食べさせることができなくなる可能性の高いマイホームパパは、本当に家族思いと言えるのでしょうか。

残業や休日出勤も厭《いと》わず働いて、会社に重んじられるような人でないと、家族は守れないのです。

マイホームパパと言われて喜んでいるのは本人だけで、家族にしてみたら、「たまには接待ゴルフにでも出かけて、留守にしてくれたほうがいい」と思っているかもしれません。

マイホームパパ本人は「清く、正しく、美しく」いて、本人だけが幸せなのです。それはそれでいいのです。ただ、私はそれが物足りない、もっと人生を楽しんで、多くの人を楽しませたいと思うのです。

あなたは、顔はいいけれど貧乏な男、顔もよくお金も持っている男、どっちを選びますか。

一流の料理人が、最悪の食材を使って作った料理と、腕も食材も一流の料理とどちらがいいですか。

顔もいいしお金も持っている男、腕も食材も一流の料理のほうがいいに決まっています。

どうして、いいものといいものがくっついているものを選ぼうとしないのですか。どうして、人間は幸せになってはいけないのでしょうか。人間はもっと幸せになれるのです。あなたは、もっともっと、幸せになれるのです。そんな、貧しい選択肢の中で頭を使っていると、心が貧しくなってきます。

私は事業が成功して、大きな利益を出すようになりました。お陰様で、私がやっている会社は順調に業績を伸ばしております。そんな私に対して、

「斎藤さんはどこまでやるんですか」

と人は言います。

どこぞの親切なご仁などは「月は満ちれば欠ける」、「出る杭《くい》は打たれる」という諺《ことわざ》を教えてくれます。

たしかに、月は満ちれば欠けます。出ている杭はトンカチで打たれます。でも、人間は月でも、杭でもないのです。たとえ話であっても、否定的なことは言わないでもらいたい。

人間は、望めばもっと、もっと、幸せになれるのですから。だから、私はどんどんやるだけです。

競馬で当たらないと不満ばかり言っているのは、当たり馬券を買わないから。当たり馬券を買ってごらんなさい。そうすれば、競馬だって当たるのです。

私は、当たり馬券の買い方は知りませんが、精神的な幸せと経済的な豊かさを同時に両方手に入れる方法を知っています。

精神的な幸せとは、「困ったことは起こらない」ことです。

これからお話しするのが、精神的な幸せと、経済的な豊かさを同時に得る方法です。そして、ここでも重要なのが、やはり「困ったことは起こらない」なのです。

周囲の抵抗も神様からのプレゼント

「困ったことは起こらない」と考えて、物事を肯定的に受け止めて、目的を持って正しい行動を始めるとします。すると、あなたの行動に対して反対する人が現れるでしょう。

でも、それは当たり前のこと。物が動けば摩擦は起こるし、空気抵抗も受けるのです。

飛行機が離陸するときには、空気抵抗を受けます。でも、このとき、飛行機は失速するでしょうか。答えはノーです。空気抵抗を受けるや、飛行機はエンジンを噴射させ、加速して大空に向かっていきます。

飛行機は、空気抵抗があるからこそ、大空を飛べるのです。もし、パイロットが空気抵抗が怖いからと言って、速力を落としてしまったら、飛行機はそのまま真っ逆さまに落ちてしまいます。

ところが、ほとんどの人は、この抵抗を避けようとして、周囲から悪口陰口をたたかれないようにと、エンジンのパワーを自分で緩《ゆる》めてしまいます。失速してしまいます。

でも、それではいけないのです。

あなたがこれから上昇するためには、その抵抗が必要なのですから。

抵抗があっても速力を落とさず、そのままの力で、またそれ以上にエンジンを噴射させていると、この抵抗があなたを上へと持ち上げてくれるのです。

あなたが行動して出てきた抵抗は、あなたがあなた自身のエネルギーに変えなくてはなりません。

それでは、この抵抗をどうやって、あなたのエネルギーに変えるか。

それはあなたが失速しないことです。

抵抗を恐れないことです。

自分が魂を豊かにして行動しようとする。これはプラスの要素です。それに対して、反対が起きたり、抵抗にあったりする、これはマイナスの要素です。

でも、プラスとマイナスの二極が来ているからこそ、電気は使えるのです。マイナスの要素、反対や抵抗があってこそ、あなたは正しい行動ができるのです。

以前、松田聖子《まつだせいこ》さんは、ファンがたくさんいましたが、日本中の人から妬まれていました。

でも、彼女はこの妬みを恐れはしませんでした。逆に、自分のエネルギーをもっと高めて、自分に向けられる妬みまでをも自分のエネルギーに変えて、今のように大きくなりました。

あなたも、彼女のように、他人の妬みに対して平気の平左でいられたら、あなたはもっと大きくなって、もっと大空高く上昇していけるのです。

あなたの行動に対して反対者が出たら、あなたはひるまずにどんどん加速していくのです。出てきたからやめるのではなく、出てきたら余計にやるのです。

すると、反対の、妬みのエネルギーがあなたを上に上げるのです。

反対者や妬みは、あなたの敵ではありません。あなたにとって、かけがえのない味方なのです。

困ったことはあなたの魂を豊かにしてくれるものですし、あなたに対して邪魔となるもの、妬みは、あなたにとって、最高のエネルギーを与えてくれているのです。

そのエネルギーが来たら、あなたはこれを正しく使わなくてはなりません。このエネルギーは、使い道を間違えると、大変なこと、困ったことをもたらします。

あなたの部屋に電気が送られてきたら、その電気でこたつをつけて、あなたの体を暖めることができます。テレビをつけることもできます。パチパチ火花を出して、火事を起こすことだってできるのです。

抵抗や妬みのエネルギーもそれと同じで、いろいろな使い方ができるのです。妬みのエネルギーで、あなたは病気にだってなれるのです。妬みが怖いと思ってビクビクしていたら、必ず怖い結果が訪れます。

「出る杭は打たれる」ではなく、どんどん加速をつけて、どんどん上に上っていくのです。

目標は決して口に出さない

加速をつけて、上に上がろうとするときに一番大切なことは、大きな目標を持つ。そして、その目標に近づく道標《みちしるべ》を必ずいくつも持つということです。そして、一つの地点、道標に到達したら、間髪を入れず、すぐに次の地点に行こうとするのです。これが加速の法則です。

普通、人は大きな目標を一つ、道標を一つ持つことにしています。そして、それを達成すると、「温泉にでも行こうか」となってしまうのです。でも、それではせっかく上空に上った飛行機も失速してしまいます。

そうではなくて、

「ここまで来たら、すぐに次のところまで行こう」

と考えるのです。

そして、即、行動するのです。

そうすると、あなたは失速することがありません。

それどころか、あなたが乗っている飛行機の速度はどんどん速くなって、どんどん加速して、次の目標に達する時間が短縮されるのです。

この宇宙は際限がありません。落ちる人はどこまでも落ちるし、上に行く人はどこまでも上へ、上へと上っていきます。飛行機には限界がありますが、私たち人間には限界がないのです。

魂は重複しません。

もし、成功したとする、お金持ちになったとします。すると、来世では、今世でお金持ちになったところから人生が始まるのです。

前世がお姫様だった人は、今世ではもっといい生活をしています。長屋住まいということはありえないのです。

その人のレベルに応じた修行をすませた魂は、同じ修行を二度もしないのです。一度上に上がって、そのまま加速した魂は、そこから落ちないのです。なぜなら、神様が、あなたが為した行動に対して、ごほうびとして上に上げてくれたのですから。

人間が作ったものは落ちます。でも、神様が作ったものは落ちないのです。地球だって落ちません。生まれ落ちたときから、すでにお金持ちという人がいるではありませんか。

豊かな気持ちで加速をしていくと、いい知恵が出てきます。そのときに浮かんだ知恵を、ただ素直にやっていればいいのです。

正しいことを考えて浮かんだ知恵で行動すれば、失敗のしようがありません。

ところが、ほとんどの人は「温泉に行きたい、車が欲しい」ということになるのです。

でも、ちょっと待ってください。目的を持って、その目的に向かって走り続けたままの状態であっても、温泉にも行けるし、車も手に入るのです。

相撲取りが横綱になろうとして、一生懸命けいこしたとします。すると、大関になり、横綱になったときには、外車には乗れるし、海外旅行にも行けるのです。

あれが欲しい、これが欲しいと言っている間は何も手に入りません。

あなたの周りにもいませんか。のべつ幕なし、「海外旅行に行きたいし、外車にも乗りたいし、女も欲しい」と言っている人。でも、そんな人に限って、何も手に入れていないはずです。

もし、あれが欲しい、これが欲しいと言って、それを手に入れている人がいるとしたら、その人は黙っていればもっと自分の欲しいものを手に入れているはずです。

ですから、大きな目標をたった一つ持つのです。そして、その目標を決して人に口外しないことです。

その目標を誰にも言わずにいると、緊張します。誰かに言いたくて、言いたくて、たまらないけれど、絶対に言わないのです。

すると、そのうちフラストレーションが溜まります。このフラストレーションを溜め込めば、それは、あなたにとって偉大なエネルギーになるのです。この仕組みは蒸気機関車と同じです。蒸気はフラストレーションです。蒸気を溜め込まないと、機関車は走りません。

あれも欲しい、これも欲しいと言っていると、そこから蒸気が漏れ出して、その分だけエネルギーが弱まってしまいます。

人間には、とてつもなく不思議な力があります。寝ている間にあなたの想念がその目的をつかむ、これが牽引《けんいん》の法則です。

ところが、あれも欲しい、これも欲しいと言っていると、あちこちに穴が開いてしまって、目的を引き寄せられません。

蒸気は分散させず、一点に集中するのです。

偉大なる行動力に変換するのです。

そうすれば、海外旅行にも、車にも、女にも、目がいかなくなります。エネルギーを正しい方向へ使うことができるのです。

心に最大のパワーを与えるには

あなたは毎日、心に栄養を与えていますか。

困ったことも、あなたへ向けられる妬みも、フラストレーションも、すべてのものが、あなたに最大のパワーを与えてくれています。宇宙にあるすべてのものが、あなたの味方です。

でも、あなたが、牽引の法則を用いるためには、あなたの心にそれを引き寄せるだけの力がなくてはなりません。

では、心はどうしたら力強くなれるのか。

それが、肯定的な考え方です。

肯定的な言葉です。

肯定的な考え方ができるようになると、日常生活すべてにわたって、肯定的な言葉で満ちあふれてきます。

肯定的な言葉のフルコースで、あなたの手に、足に、頭に、そして、魂に栄養を与えるのです。

夏の暑い日には、

「暑くて嫌になってしまうよ」

と言うよりも、

「夏は暑いけど、なんか、元気が出てくるね」

と言っているほうが、パワーの出方が違います。

「不況で嫌になっちゃうよ」

ではなく、

「不況が来たときのために自分がいる。いよいよ自分の出番が来たんだ」

と言わなくてはならないのです。

いつも泣き言を言っている人には、パワーがありません。目的をつかんだとしても、それを引き寄せることができないのです。

景気のいいときには、誰が何をやっても儲かる時代でした。でも、不況の今は、景気のいい会社と悪い会社が出てきます。

不況は困ったことではありません。不況だから、あなたの腕が試せるのです。まさに、神様にあなたの実力を見てもらう絶好のチャンス。それくらいの気持ちでいれば、だんだん先が見えてくるものです。

肯定的な言葉で栄養をつけて、世の中がどうなるかが見えてくれば、それを正しい方向に使えるのです。そして、パワーを正しい方向に使った者が成功するのです。

運の強い人は一目でわかる

世の中には、運の強い人と、そうでない人がいます。

もし、結婚相手を選ぶとしたら、仕事の取引をするとしたら、運勢の強い人を選ぶのが当然ですよね。

では、その運の強い人をどうやって見分けるか。

「そんなことを言われても、私は易者じゃないんだから、外見だけじゃわからないよ」

と、あなたは言うかもしれません。

でも、それが外見でわかる方法があるのです。

世の中は、天・人・地の三つに分けることができます。天とは頭、人とは顔、地とは足です。

簡単に言ってしまうと、頭にツヤのない人は天の加護がなく、顔にツヤのない人は世間の加護がありません。さらに、靴にツヤのない人は、先祖の加護がないのです。

政治家でも、事業家でも、運勢の強い人は、みんなピカピカ、ツヤツヤの顔をしているものです。たとえ、髪の毛がなくとも、運勢の強い人の頭は、ツヤツヤに光っているものです。

いつもツヤのない、汚い靴をはいている人で、出世する人はないとは言いませんが、少ないものです。

人を見るときは、その人が金のネックレスをしているとか、大きなダイヤの指輪をはめているとか、シャネルのバッグを持っているとか、身につけているものの値段で判断するのではなく、髪の毛がツヤツヤか、顔にツヤがあるか、靴はきれいに光っているかをチェックしてみてください。

でも、あなたがそうやって人を見ている傍《かたわ》らで、ほかの人からあなたの頭のツヤ、顔のツヤ、靴のツヤを見られていることは、ユメユメお忘れないように。

ところで、あなたの今の運勢は……。

今日のアイデアは今日行う

困ったことは起こらないと考えて、周囲の抵抗を自分のエネルギーに転換して、心を豊かにして、人を楽しませて仕事をしていたら問題は起こらないのでしょうか。

ところが、それでも問題は起きるのです。

でも、問題が起きたとき、

「これではダメだ。どうしよう」

と思うようでは、エネルギーを否定的に使っていることになります。

そんなことより、

「どうしたら問題を解決できるか」

を考えるのです。

あなたの前にある問題は決して難しくはありません。

なぜなら、その人に出る問題というのは、その人が自分の魂のレベルを向上させるために解決すべき問題だから。そして、神様は私たち人間の魂を上に上げようとして、その問題を出しているのですから。

だから、その人に解決できない問題は、その人の目の前には絶対に現れないのです。

私に出てくる問題は、最高の機能を持つコンピューターを作りなさいとか、空を飛んでみなさいとか、そんな突飛なものは出てきません。

私に出てくる問題は、私に解決できる問題なのです。

あなたに出てくる問題はあなたに解決できる問題なのです。

それで、問題がだんだん難しくなるものでもありません。それを解決するのに、多少の努力が必要になるという程度の問題しか出てこないのです。しかも、たった一つの問題しか出題されません。

ただし、その問題はその人の魂を向上させるためのものだから、その人でなければ解決できないようになっています。

たとえば、今総理大臣になったら、いろいろな問題が降りかかってきます。でも、その問題は総理大臣にしか解決できない問題なのです。その問題を私のところへ持ってきて、

「斎藤さん、どうぞ解決してみてください」

と言われても私には不可能ですし、そんな問題が私のところに来るはずもない。

あなたの足もとにある階段は、いつも、たった一段だけ。あなたの歩幅よりちょっと高めの階段が出てくるだけです。

そして、二段目だろうが、三段目だろうが、いつも少し難しめの問題が出てくるだけのことです。

あなたは、その階段を一段、一段上っていくだけでいいのです。

何ごとも一番最初が一番大変かもしれません。慣れていませんから。

でも、年々楽で簡単にならなければなりません。

そうでなければ、やり方が間違っているのです。

神様は誰もいじめようとはしていません。

ただ、間違っているということを教えているだけ。やり方を改めなさいと言っているだけなのです。

去年一生懸命働いたのに、今年は苦しいというのは間違いです。去年一生懸命働いたのなら、今年はもっと幸せになっていなければなりません。

仕事の規模が大きくなったから、忙しいというのではいけないのです。忙しくなったなら、周りを信頼して仕事を任せなくてはなりません。

その間違いに気がつけば、仕事はうまくいくし、会社も儲かるのです。

でも、儲からない人は、どこかで儲けてはいけないと思っているのです。

儲からない会社は、社員にロクな給料も払えないし、支払先にも払えない。

でも、儲かっている会社は、給料は払えて、支払いもできて、それで余ったお金で税金を納めることができるのです。みんなを幸せにすることができるのです。

だから、出てくる問題に対して、

「これは困ったことではない」

と考えるのです。

「簡単に乗り越えられる」

そう思ったら、知恵が出てきます。

大変だと思った人には、大変なことしか起こらない。

神様は、その人が乗り越えるべき問題を、その人に出す。

これが宇宙の法則です。

人生の分かれ道には、必ず二つのドアがあります。一つは、楽で、簡単で、成功するドア。もう一つは、苦労ばかりで失敗するドア。どっちを選ぶかは本人次第です。

苦労のドアは絶対に選ばないという意思を持った人の前には、苦労のドアは絶対に出てきません。

ビジネスに英語は不可欠といいますが、私は英語を話すことができません。それでも、私は苦労しないのです。

神様は、そんな私が苦労しないように、英語ができる人を私のもとに連れてきてくれます。自分が努力をしても身につかないというのは、それは必要のないものだから、大した問題ではないのです。

だから、豊かな心で出てくる問題を乗り越えるのです。

私の場合は、ただ乗り越えるだけでは嫌なんです。簡単で、楽しく問題をクリアしていきたい。私だけでなく、社員も楽しませてあげたい。

売り上げを伸ばすために社員が嫌がることをさせたって、社員は働こうとはしないし、売り上げは伸びません。あなただって、嫌なことをするぐらいなら、その会社で働かないほうがいい、そう考えるでしょう。

でも、その嫌なことを避けていては、問題が解決できないとしたら、どうするか。

そんなときは、その嫌なことをゲームにしてしまえばいいのです。

嫌なものをインベーダーにして、いくつやっつけたら第二ステージに進める、何点獲得したら賞がもらえる、というようにみんなでゲームをして遊んでしまうのです。

そうすれば、本当に簡単に、楽しく問題を乗り越えられます。

そして、この法則を知っている人は、行動が早くなります。

「こういうアイデアが出たけれど、大丈夫だろうか」

と考えているヒマなどありません。

今日出たアイデアは今日行い、明日出たアイデアは明日行う。出たら即行動。そうすると、歯車がキチッと合ってきます。だから、仕事はおもしろいのです。

勝って損すること、負けて得すること

人は階段を一つひとつクリアしていく中で、いろいろなことを学びます。その学びが肥やしになって、私たちの魂は成長していくのです。でも、多くの人は一度負けてしまうと、人生は終わりだと考えて、そこで足踏みしてしまうものです。

来世で勝つために、この世ではちょっとひと休みしてエネルギーを溜めておこうと考えるのも、それはそれでいいでしょう。でも、負けたことをいつまでも悔やんで、自分はやっぱりダメな人間なんだと思っている人には、来世でもその問題はクリアできません。

何代にもわたって、その問題にぶちあたっていたら、いいかげんここらで奮起するかと考えることもあるでしょう。

でも、肉体が一度なくなって、また新しい生をもらったのに、何度も何度も同じ問題と頭をつきあわせていなくてはならないなんて、ちょっと面倒じゃありませんか。

この問題をすませれば、神様から膨大なごほうびをもらえるということがわかっていながら、どうして次にお預けなどということができるのでしょうか。

今世もらえるごほうびはできるだけいっぱいもらっておけば、来世はそのごほうびをもらった地点から出発できるのです。

そうすれば、来世では、もっと、もっと膨大なごほうびがもらえるのです。

勝利者は一人しかいません。あとの残りはみんな負けた人。

世の中は、勝利者より敗者のほうが圧倒的に多いのです。

どうして、神様は敗者を多くしてしまったのか。

それには、ちゃんとした理由があるのです。

何度も言うように、神様は人間を苦しめようとはしていません。与えて、与えて、与え尽くしてくれています。

では、この世の中に敗者を多くするということで、神様は私たちに何を与えようとしているのか。

次に勝つヒントを勝者からもらいなさいと教えてくれているのです。

敗者は勝者から学ぶことで、勝利への道が開かれます。その一方で、勝者は誰も教えてくれる人がいません。自分で新たな方法を作り出さなければ、次は負けてしまうのです。

人は負けて学ぶことがたくさんできるけれど、勝ってしまった人は誰からも教わることができない。

このような心理状態の中で、有利な人というのは、誰ですか。

そう、負けた人に決まっています。

だから、負けることは決して嫌なことではありません。たくさんの学ぶことを与えてくれているだけなのですから。

これを知っている人は、負けることを恐れず、どんどん突き進んでいけます。だから、今世与えられたどんな問題もクリアして、来世はより素晴らしい生が約束されます。

それでも、あなたはたった一度負けたことで、足踏みしているほうがいいですか。

社長が社員をクビにするとき

社長になっても、総理大臣になっても、どんなに偉くなっても、人間はいつも神様に試されています。

社長であっても、総理大臣であっても、その立場の中で成長の行程というものが決まっているのです。

たとえば、社長になる。最初は一人で頑張る。そのうち、人を雇えるようにまで大きくなる……。

ところが、その中で、会社にそぐわない人間が入ってくるのです。

すると、その人に、

「そんなことをしていたらダメだよ」

と注意できるか。

次に、注意しても改善しないときには、その人をクビにできるか。

これが社長の行程です。

この段階は一つも抜くことができません。人をクビにしなければならないときには、クビにするべき人が現れます。

この人は、社長がクビにすることができるようになるまで悪いことを続けます。いくら思いやりをかけても、何をしても絶対にダメです。というのも、それは人をクビにできるか、できないかの試験だからです。

だから、愛情を持って接しても、その人は絶対に改めません。でも、その人もまた、自分がなぜそんなことをしてしまうのかがわからないのです。神様の摂理で、それをやらされているのですから。

シャケはなぜ川に上るかわかりません。でも、しゃにむに川へ向かって帰ってきます。そうインプットされているからです。

ダメな社員も、ダメな社員になるようにインプットされているのです。

その社員はクビにされて、初めて一つの学びを終えるのです。そして、社長が人をクビにできたとき、一つの学びを終えるのです。

ところが、それを思い悩む。悩んでやせてしまったり、相手を苦しませたりして、お互いが苦しむ。

そうではないのです。答えは最初から出ています。そのダメな社員はクビにするのです。この問題はそうやって解決するように出されたものなのです。

難しい問題ではありません。ただ、六ヵ月で解決するか、一年で解決するか、一〇年で解決するかの違いだけです。

ただし、一〇年後にシャケが大きくなって川に戻ってくることはあっても、タラになったり、マグロになったりすることはありません。人間も同じです。

解決できないままに一〇年たっても、その人間は悪いままなのです。

また、人間は次の段階で人を育てるときが来たら、今までと違った人間が現れます。人間の成長過程によって、寄ってくる人間、出会う人間が違います。

それはなぜかというと、人は人の波動で呼び寄せられるからです。

だから、会社が急成長したとき、従来からいる社員はほんの一人か、二人残るだけです。その他の人は、成長する会社の波動についてこられなくなってしまいます。

昔の、現在よりワンランク下の波動で呼び寄せた人は、急成長を起こした波動には使えないのです。

残った一人か、二人は、社長の成長する波動に必死に合わせて、自分を変えてきた人です。だから、この人たちを部長にしたい、役員にしたい、出世させたい、そう思うのもしょうがありません。

ところが、成長している会社の社長のもとに集まった人というのは、前からいる社員よりも優秀な人たちが多いのです。優秀になった社長が、その波動で呼び寄せた人たちですから。

昔からついてきてくれた人は、必ずしも偉くしてあげることはないのです。というのも、偉くしてあげるということは、その人にとって荷が重くなるだけかもしれないのですから。無理に重い荷物を背負わせても、潰れてしまうのが関の山です。それが本当の愛情なのでしょうか。

「君にならできる」

と言ったところで、人間、できないことはできないのです。

それでも、鍛えればやがてはできるようになるのかもしれません。

でも、会社が急成長しているときに、その成長のスピードについてこられない人間がいるのは、しょうがないことなのです。これが急成長産業のいいところでもあり、悪いところでもあります。

一年で一割ぐらい成長する会社だったら、一割のスピードアップですから昔の人もついていくことができるかもしれません。

でも、たとえば、去年と比べて五倍の成長を遂げている会社があるとします。五倍の成長ということは、財務が五倍、使われる人間も五倍です。仕事が五倍になるのです。

五倍の仕事に耐え得るだけの能力が全員にあるか。耐えられない人がいたっておかしくないのです。

そのスピードに合った人がやってきて、勉強していくだけです。

知恵は寝ている間にポンと湧く

人間が自分で問題を解こうとすると、自分の能力の範囲でしか知恵が生まれません。だから多くの人は苦しんでいます。

だったらどう解決するか。

この宇宙の中心点には、宇宙を運行している偉大なる力があります。そこと、人間の心は直結しています。

私たち人間は、コンピューターで言うところの端末機のようなもの。そして、宇宙の中心点は大本のコンピューターで、そこに答えがあるのです。

端末機を打つ人は、グチャグチャ考えず、データを打ち込みますね。すると、コンピューターからポンと答えが出てきます。問題を解決する知恵は、それと同じものなのです。

人間は、自分の頭だけで考えるのではなく、疑問点を打ち込むだけでいいのです。

「これと、これと、これと、これが疑問点なんだ」

と言うと、寝ている間に答えが向こうから返ってきます。それを実行すれば、それで万事ＯＫ。

人はアイデアを思いつくと、自分の手柄にするものですが、実は自分の手柄ではないのです。

たとえば、温泉のない町があるとします。予算がついて、温泉を掘っていたら、温泉が出てきました。本当は昔から温泉はあったのです。ないものは出てきませんから。

知恵もそれと同じです。

あなたにある知恵が浮かんだとしたら、その知恵はもともとあなたの中にあったのです。すでにあったものが、出てきただけ。地面を掘って、温泉が出やすい状態にしたら、温泉が出ただけのことです。

もともと、誰にでも知恵はあるのです。

もし、私が言ったことで、あなたが「なるほど」と思ったことがあったとしても、それは私があなたに教えたことではありません。あなたは、そのことを最初から知っていた。ただ、私の話がヒントになって、思い出しただけです。

人は人から教わることは一つもありません。

もし、私に出た知恵であれば、あなたに出る可能性もあります。知恵はどこに出てもいいのです。私に出ようが、あなたに出ようが問題ではありません。世界中アチコチで知恵は出るのです。

学校の試験で言うならば、全員が不正解ということは珍しいものです。誰か一人ぐらいは正解しています。

テストで、一人ひとりが一〇〇点をとるのは難しいことです。でも、社会では全員合わせて一〇〇点であれば、それでいいのです。もし、一〇〇点をとった人がいれば、〇点をとった人も一〇〇点の人から教わって、一〇〇点をとることができるのです。

一人で一〇〇点をとろうとするから難しくなる。協力し合えばみんなが一〇〇点をとれるのです。

ですから、うちの会社では、ただ競争するのではなく、協力しよう、みんなで一〇〇点をとろうとしています。

魂の時代に、事業を成功させるには、社員同士の仲がいいこと、みんなの心が広いことが最大のポイントです。

「この人には教えるけれど、あの人には教えない」

とか、

「この人から教わるけれど、あの人からは教わりたくない」

とか、心の狭いことを言っていてはいけないのです。

宇宙的な心の修行で、自分に出た知恵を人にも惜しみなく与え、人に出た知恵も我に出た知恵として使える人でなければいけません。誰に出た知恵であっても、あなたに出た知恵であっても、本当はほかの人にもあったのです。ない知恵は、出るものではありません。ただ、出やすいところから出ただけのことなのです。

昔は、電気がありませんでした。でも、本当は以前から電気というものは存在していました。ただ、電気の法則がわからず、電気の使い方を知らなかっただけ。原子力もそうです。原子力も、昔からあったのです。ただ、使い道を知らなかっただけ。

この世にないものは、使いようがありません。私たちはあるものを使っているだけなのです。

ただ、ほとんどの人はそれを出にくくしているのです。

みんな、損な方法を選択しています。一人が全部背負い込まなくてはならないと思っています。

人間は全員の点数で一〇〇点なのです。

まんべんなくできるという人は、可もなく、不可もありません。何かがずば抜けてできるという人は、何かができないものです。それが当たり前なのです。

それで形が多少いびつであっても、それはそれでいいのです。

雪の結晶は、それぞれがいろんな格好をしています。どれをとっても、同じ結晶はありません。でも、雪の結晶は、雪の結晶。それで完璧なのです。形は微妙に違っても、美しく輝きながら、降り積もればそれでいいのです。

神様の支払いは前払い

社長は、当たり前のことを「当たり前」にやっているだけでは、社員たちより数倍高い給料をもらう資格がありません。

景気がいいときには、当たり前のことをやっていても、誰もが儲かりました。

でも、そんな時代は終わったのです。

景気が悪くなって、儲からなくなって、社長も、社員もみんな口を揃えて、

「儲かりませんね」

と言っているのはおかしいのです。

社長は景気の悪いときに、どうしたらいいかを考えるから、高給とりなのです。社員より頭を使わなくてはならないから、社長なのです。

「景気は悪いけれど、会社経営に赤字は出ていないし、まあ、いいか」

と悠長なことを言っていてはいけません。なぜなら、そんな考えが会社の損害を増やしてしまうから。

たとえば、五億の売り上げがあって、なんとか経営がうまくいっている会社があるとします。その一方で、業界トップの企業は一〇〇億の売り上げがある。

これはどういうことなのかというと、売り上げが五億の会社は九五億の損をしているということなのです。

景気が悪いから売り上げは伸びない、ということは言い訳にはなりません。景気が悪くても、実際に一〇〇億の売り上げを出している企業がある。売り上げを伸ばそうとすれば、伸びるのです。

本当に売り上げを伸ばそうと思っていないから、儲けようとはしないから売り上げが伸びないのです。

ならば、売り上げを伸ばすにはどうしたらいいのか。

それには、まず、

「うちの会社は九五億の損をしている」

と考えること。

そうすると九五億の損を取り戻すための正しい知恵が出てきます。

「社長の仕事は大変だ」

などと言っているヒマはありません。

社長になったということは、神様が、

「おまえは一番働きなさい」

と言っているのです。

だから、自分がしなくてはならない仕事にゴチャゴチャ文句は言わず、仕事は選ばず、ひたすら働くのです。

神様の支払いは前払いです。その金額に見合う実力がなくても、先に払ってくれるのです。ということは、神様は実力以上に人間を持ち上げて、支払いをしてくれるということになります。

ところが、神様は、ある一定の時間が過ぎると、その人間を持ち上げた手を放してしまいます。

ですから、

「自分の実力は……」

などと、くだらないことを言っていないで、必死になって自分を磨いて、持ち上げられたところまで近づいていくのです。

そうすれば、たとえその地点に到達しなくとも、落差は少なく、傷も最小限に止めることができます。

神様の手元から落ちて、「痛い」という程度なら、まだ救いはあるものの、持ち上げられたことに浮かれて、自分を磨かなかったら、手を放されたときには真っ逆さまに急降下。力いっぱい地面にたたきつけられて、その後は……ということになってしまいます。

バブルが崩壊した後の日本の事業家たちは、力いっぱい地面にたたきつけられたと感じていることでしょう。

バブル景気で持ち上げられて、持ち上げられた地点まで行こうとせずに、やれ外車だ、ゴルフだ、女だと。それが今では頭から真っ逆さまに落ちていき、骨盤までもがバラバラになっています。

ゴルフをするのも、外車に乗るのも、女の尻を追っかけ回してもいいのです。だけど、一番重要なのは、持ち上げられた地点に行くためには、自分は何をしたらいいのか、それに一点集中することです。

それで、到達すれば、神様は、

「木は幹だけではつまらないから」

と、枝をつけ、葉をつけ、さらに幹を太くしてくれるのです。膨大なごほうびをくれるのです。これは宇宙の法則です。

お金というものは、神様が与えるものです。ガツガツ働いて得たお金はなくなってしまいますが、神様からもらったお金はなくなりません。いいえ、お金というより、点数をくれると言ったほうがいいのかもしれません。

いいことには違いないけれど、神様がその行為に不満を抱いたときには、

「おまえのやったことは、八〇点だよ」

と点数をくれる。

ところが、とてもいい行いをした人には、

「いいことをしたね。じゃあ、今回は二〇〇点あげよう」

となるのです。

学校のテストには、〇から一〇〇までの採点評価しかありません。しかし、神様がつける点数表には、際限がありません。行ったことが正しければ、一〇〇点以上、二〇〇点でも、三〇〇点でもつけてくれます。逆に、悪い行いに

は、〇以下、マイナス点もつけられてしまうのです。落ちるときは、どこまでも落ちる。上がるときは、どこまでも上がる。これが宇宙の法則です。

要は、お金は神様のひらめきなのです。その人がお金を得るにふさわしいことをすると、際限なく与えてくれます。

もし、人がその評価に対してふさわしいことをできなかったら、どんなことをしても神様は、その人から地位も、名誉も、財産も奪い取るのです。神様が握っているものは、それだけではありません。私たちの命も同じように、神様に掌握されています。

私たちの命は、ここにあるのではありません。そのスイッチは神様が持っています。神様がスイッチを切ってしまえば、一瞬にして私たちの命は消えてしまいます。

テレビだって、扇風機だって同じです。扇風機はグルグル回っているけれど、あれは扇風機自体が回しているのではありません。電気が来ているから、回ることができるのです。スイッチを切って、電気が来なくなれば扇風機は止まってしまいます。

人間および、この世に存在するあらゆる生命体も、生命エネルギーが来なければ止まってしまうのです。

だから、偉くなったからといって、その地位や財産に溺《おぼ》れてはいけないのです。

たとえ、中学校しか出ていなくて、一生懸命努力して、現在、財を成した人であっても、それは自分の手柄ではないのです。

自分は中学校しか出てなくて、この腕一本でやってきたと自慢する人がいますが、その前に神様の力に感謝することです。

中学校しか出ていなくて、一生懸命努力している人はたくさんいます。その中で、抜きん出ることができたのは、人の力ではなく、神様のひらめきがあったからなのです。

それもわからずに浮かれていると、

「それじゃ、おまえの本当の実力を見せてあげるよ」

ということになって、気がついたときには、手元に何も残っていなかったということになります。

それよりも、

「中学校しか出てなくて、一生懸命働いている人はいくらでもいるのに、私は本当に運がいいなぁ」

と、豊かな心を持って、そして感謝すればいいのです。

だから、偉くなったときには、喜んで、浮かれていてはいけません。神様が実力以上に持ち上げてくれただけなのです。神様に持ち上げられたとき、そのときは必死で自分に実力をつける努力をするのです。

与えない者は奪われる

人間が何度も生まれ変わるのは、魂のステージを向上させることです。

そして、人間が生きる目的は、人に愛を与えることです。

その愛の形は、その人の立場によって異なります。

世間の常識では、社長は社員に仕事と給料を与えるという形で、社員は社長に労働という形で、会社はお客様にいい商品を提供するという形で、愛を与えるということになっています。

それがマナー。人に与えることをせず、奪ってばかりいるのはマナー違反です。

経営者が多くの人間を使うようになると、社員がヤル気を出して働いてくれない、与えた給料に対して見合うだけの労働をしてくれないということにイラだちを覚えることもあるでしょう。でも、そのイラだちを社員にぶつける前に、

「自分は社員に何を与えているか」

を考えてみてください。もう一度、社員の立場になって、社長が与えるべきものを考えるのです。

すると、

「社長は社員に仕事と給料だけを与えていても、社員は仕事を楽しめない」

ということが見えてくるはずです。

エサを与えて働かせるというのは、家畜を飼うのと同じです。社員はブタではありません。ウシでもありません。

社員は人間です。エサを与えるだけで、働かせようとするのは無理なのです。

ならば、人間には何を与えるのか。

生きる指針を与えるのです。

心を豊かにして生きること、働くことの楽しさを与えるのです。その一方で、社員も考えるのです。

「社長がくれた仕事、給料にふさわしい働きを自分はしているだろうか」

と。

人間は人に何かを与えることを義務づけられています。与えるものより、奪うもののほうが多いという人は、その人が持っているものが奪われてしまいます。これは宇宙の法則です。

ふさわしい労働を社長に与えていない社員がいるとします。社長の立場にいたら、給料を奪うだけの社員からは、仕事も給料も奪ってしまえと考えるでしょう。

お客様にいい商品を提供して、豊かさを与えない会社は、お客様が離れてしまいます。会社の利益は奪われてしまいます。

当たり前のことです。世間は道理で動いています。

社長、社員、お客様、それぞれの立場に立って、今の自分の立場では、何を与えるべきかを考える。そうすれば、自然と答えが出てきます。

社長には社員へのマナーが、社員は社長へのマナーが、会社はお客様へのマナーがあるということがわかります。

マナー違反をしない。それを徹底すれば、みんなが幸せになれるのです。幸せは簡単、成功も簡単です。世の中は道理で動いているのですから。

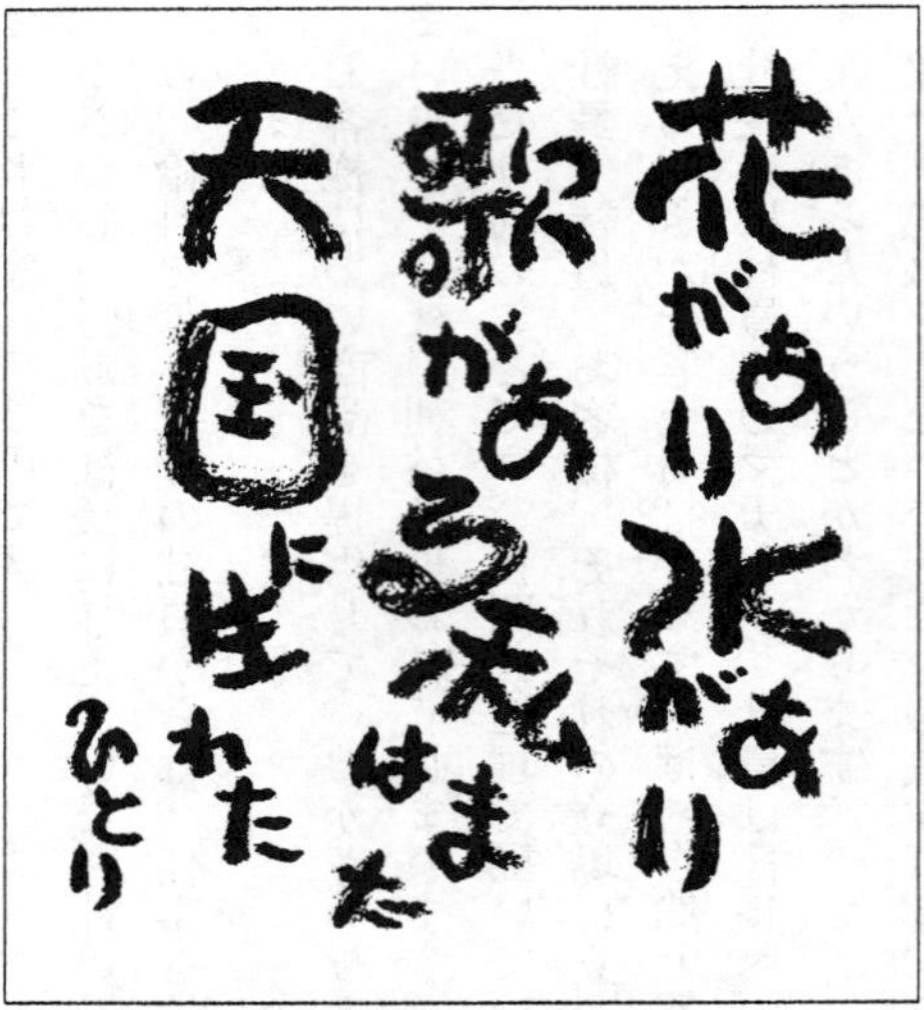

花があり　水があり　歌がある
私はまた天国に生まれた

私たちの生きている地球には
花があり　水があり　歌があります。
この広い宇宙のどこをさがしても
こんなきれいな星はないと思います。
この星こそが天国です。
この星に生まれたことに感謝しています。
この地球がいつまでも
きれいな星でありますように……

体ではなく心が主役

心の中に神様がいる。

宇宙にも神様がいる。

その神様の声に従って事を成した者が成功を勝ちとる。

これが私の論法です。

この論法はとっぴな感じがするでしょう。でも、私や私の弟子たちにとっては日常会話です。

実は、私は、あまり一般の人と接触することがありません。私は全国各地にいる社員、つまり私の仲間たちのことですが、彼らと会っているだけでも時間が足りないのです。

ですから、一般の人にもわかりやすく書いたつもりでも、

「やっぱり、少し無茶苦茶なことを書いたかな」

と反省している部分もあります。

でも、宇宙にはとてつもないエネルギーがあります。

以前は学者たちは、星と星の間には何もないと言ってきました。それが最近になって、宇宙エネルギーがあることがわかってきたのです。

人工衛星から地球に電波が来る。何もなかったら電波は来ません。電波が来ているというのに、何もないというのは無茶な話です。

この宇宙には、あるエネルギーがあります。そのエネルギーは一つです。その一個のエネルギーがギュッと固まって地球ができました。

そして、私たち人間も、木も、すべては宇宙エネルギーです。たった一つの宇宙エネルギーが変化してできただけのことです。

数は一しかありません。一〇は一が一〇個集まってできた数字です。原子というものは、エネルギーが何層取り巻いているかということです。

これの源をただせば、たった一つの宇宙エネルギーなのです。みんなの魂も一つの宇宙エネルギーなのです。だから、共鳴し合うのです。

多重人格者という人がいますが、その人の人格をどう表現しているかであって、もとは一つしかありません。ただ、いろいろな面が出ているだけであって、何重であろうと、何重人格であろうが、一つの宇宙エネルギーから生まれたものには違いないのです。

煎じ詰めれば、この世は、みんな一個の宇宙エネルギー。

イソギンチャクも、マグロも、シャケも一個の宇宙エネルギーなのです。だから、イソギンチャクとして勉強したほうがいいときは、イソギンチャクになるのです。マグロとして勉強したほうがいいときは、マグロになるのです。それぞれの勉強の仕方は違うけれど、みんな一つのことをしているのです。魂の修行をしているのです。

このような話は、私と社員の間では日常会話です。そういう点から見ると、私たちは普通の事業家ではないかもしれません。

「魂が故郷に帰るまでには時間があるから、何をやったらいいかな」

という話から始まりますから、よその会社に比べるとおもしろいことや楽しいことをやったりします。でも、私たちに理屈がないわけではありません。私たちには、私たちなりの理屈があるのです。

社員みんなの魂が成長して、自分が楽しくて、と考えていくと、今まで述べてきたような経営の形になるのです。

その中で、荷造り隊は、荷造り隊で、どうやったら楽しめるか、またオペレーターは、オペレーターで、どうやったら楽しめるかを考えるのです。

普通の人は、よく平社員に対して、

「頑張れば課長になれる」

とか、課長に対しては、

「頑張れば部長になれる」

と言います。

でも、その言い方は、まるで課長にならなかったら能力がない人間だとか、部長になれなかったら不幸だとか言っているように聞こえます。

でも、違うのです。平社員は平社員で幸せだし、課長は課長で幸せだし、部長は部長で幸せになれる方法を考えるのがベストです。そういう会社を作っていくべきなのです。

うちの会社には仕事の内容で上下はありません。荷造り隊は、荷造り隊としてプライドを持って働くことが幸せ。オペレーターは、オペレーターとしてプライドを持って働くことが幸せなのです。

そのために、ギネスというゲームをやって、

「一〇〇〇個荷造りしました！」

とか、

「一〇〇個売りました！」

とか喜び合って、褒め合って、ワイワイ楽しんでいます。それで、みんながプライドを持って働いてくれれば、私も楽しいのです。

その中で、荷造りをやっていたけれどオペレーターになりたい人や、オペレーターに憧れているという人が、オペレーターになればいいだけのことです。別にオペレーターになったから、主任になったから、課長になったから偉い

ということではありません。それがわかる人間を育てる義務が経営者にはあるのです。

会社の人は、みんな仲間です。誰一人欠けても、会社は成り立ちません。ただ、土木工事に向いている人が土木工事をし、設計に向いている人が設計をするだけのことです。それでみんなが幸せになれるのです。

土木工事の仕事は程度が低いとか、設計の仕事は偉いとか言っている人が不幸なのです。

変な偏見を捨てれば、人はみな幸せになれるのです。「魂の時代」というのは、そういうことなのです。

私はこの本を書いている間中、ずっと花粉症で鼻がグズグズしていましたが、私はそれでも幸せでした。今も幸せです。

病気が治らないから幸せになれないのではありません。病気をしている人は、病気のままで幸せになればいいのです。

私は、世間の常識では完全に健康な人間ではありません。でも、それでも幸せです。自分の体から病気をなくしてしまいたいとは思いません。このまま幸せなうちに、勝手に治っていくでしょう。

問題なのは、

「自分は病気だから不幸だ」

と思うことです。

神様は試験をしています。病気になったからといって、陰気になったり、人にあたりちらしたりするか、否かを。

生まれつきそうだと思えばいいのです。自分だけが不幸だとは思わずに、世間の人もそうなんだと思えばいいのです。

大した問題ではありません。どうとらえるかの違いです。健康であっても、世の中には不幸な人はたくさんいます。心の持ち方は、体に左右されてはいけません。体が主役ではないのです。

心が主役なのですから。

「魂の時代」なのですから。

困難の箱から宝が出る

長い人生の中には、無から始めたほうがいい場合が何度かあります。

たとえば、サラリーマンの人ならば、左遷されることもあるでしょう。左遷されて喜ぶ人間はいません。思い悩むのが普通です。

そんなときは、無から始めて、「今日、この会社に入ったんだ」と思えばいいのです。

でも、そう思っても、実際は知識もあるし、経験もある。

「今日、この会社に入ったんだ」という気持ちで、その知識と経験を活用すれば、その問題は何とか乗り越えていけるものです。

また、会社にいると、会社の方針が急に変わることもあります。そんなとき、ほとんどの人は、

「この前言っていたことと違うじゃないか」

と思い悩むでしょう。

でも、そんなことに悩んだり、不満を言う時間はないのです。自分は今日からこの会社に入ったんだと思って、さっさとスタート位置について走り出せば、何のことはありません。

昔のことを引きずって、アーダ、コーダと言っても、過ぎた時間は戻ってくることはありません。

思いきって、無から始めてごらんなさい。

でも、そう言うと、それがなかなか難しくてできません……と、判で押したように全員が全員答えるでしょう。

もちろん、無から始めてごらんなさいと言われて、「そうですか」と頭の中で納得しても、実際にそんなことができるくらいなら、誰も悩みはしないでしょう。

それでは、無から始めるということは、ただの気安めにすぎないのか。

そうです、あなたが思った通り、無から始めるということは気安めです。

でも、ただの気安めなどとは思わないでください。あなたが今悩んでいるのは、気持ちが疲れているから。体は疲れていないのです。だったら、気持ちを安らかにさせてあげてください。人間には、気安めも必要なときがあるのです。

少し休んだら、神様を信じて困難に立ち向かってください。困難なものばかり入っていると思っていた箱から、宝が出てくることはよくあることです。だから、人生は楽しいのです。

あとがき

この本を読み終わって、あなたは納得した部分、納得できなかった部分があるでしょう。もちろん、それでいいのです。

私がシックリしたことで、あなたがシックリすることはないのですから。キリストの悟りも、お釈迦《しやか》様の悟りも、ある部分でシックリこない部分があるものです。

それは当たり前のこと。なぜなら、あなたはキリストでもなければ、釈迦でもないのですから。あなたを完璧に納得させる本は、あなた自身が書くしかありません。

あなたが成功するためには、あなた自身のための成功のストーリーが必要なのです。

この本を読んで、私の会社に入ればすごく幸せになれると思っている人がいるかもしれません。

でも、誰もがうちの会社に入って幸せになれるわけではありません。私の考え方がどうもシックリこないと思う人は、私がやっていることにも当然納得いかないから。

人間には、向き、不向きがあるのです。向いている人間がうちの会社に入れば楽しくていい会社ですが、向いていない人にとってはうちの会社はつまらなくて、嫌な会社です。これまで私が書いてきたことが、私の会社できちんとできているかということになると、実はまだ始まったばかりです。

でも、これが完璧にできていたら、私の会社はとっくの昔に世界一です。

まだまだ、完璧というわけにはいかないけれど、だんだんと喜びながら生きていくことを志向する人が増えていることは確実です。

でも、まだまだ私の、そして、私の会社の社員の楽しい旅は続きます。

そして、あなたも旅を楽しんでください。

なお、文中でうちの会社、うちの社員という言葉を使っておりますが、これは私が創設した銀座日本漢方研究所の販売会社のことで、文面をわかりやすくするために、このような書き方をさせていただきました。変な私は気楽に個人経営を楽しんでおります。

本作品は一九九七年一〇月、総合法令出版から刊行されたものを、文庫収録にあたり再編集しました。

斎藤一人－1948年生まれ。「スリムドカン」などのヒット商品でおなじみの「銀座まるかん」の創業者。下記の通り、1993年から全国高額納税者番付（総合）の10位以内にただ一人、12年連続で入っている。

1993年－第４位、1994年－第５位
1995年－第３位、1996年－第３位
1997年－第１位、1998年－第３位
1999年－第５位、2000年－第９位
2001年－第６位、2002年－第２位
2003年－第１位、2004年－第４位

また、土地売却や株式公開などによる高額納税者がほとんどを占めるなか、すべて事業所得によるものという異色の存在で、連続「実質１位」ともいえる。納税額が全国１位となって以来、日本中の注目を集めているが、マスコミの前に姿を現したことは、ただの一度もない。2003年、累積納税額も日本一に。

講談社＋α文庫 変《へん》な人《ひと》が書《か》いた成功法則《せいこうほうそく》

斎藤一人《さいとうひとり》 ©Hitori Saito 2003

2003年４月20日第１刷発行
2015年９月10日第40刷発行

発行者――――鈴木 哲
発行所――――株式会社 講談社
東京都文京区音羽2-12-21 〒112-8001
電話 出版(03)5395-3532
販売(03)5395-4415
業務(03)5395-3615

デザイン―――鈴木成一デザイン室
カバー印刷――凸版印刷株式会社
印刷―――――慶昌堂印刷株式会社
製本―――――株式会社国宝社

落丁本·乱丁本は購入書店名を明記のうえ、小社業務あてにお送りください。
送料は小社負担にてお取り替えします。
なお、この本の内容についてのお問い合わせは
第一事業局企画部「＋α文庫」あてにお願いいたします。
Printed in Japan ISBN4-06-256732-6
定価はカバーに表示してあります。